現代マーケティングの論理

斉藤保昭 ［著］

成文堂

はしがき

　現在、日常の中に、マーケティングという言葉が、定着し、いたるところで使われている。ただ、残念なことに、多くの人たちがマーケティングという言葉は知っていてもマーケティングとは、どういうもので、どういう内容を持っているのかを必ずしもよく知らないのが実情ではないかと思われる。

　そこで、マーケティングの基本的性格を考察するとともにこれまでのマーケティング研究を振り返りながら現代のマーケティングの論理について考察することが、本書の目的である。なお、本書においては、個別主体（主に企業）による対市場活動としてのマーケティングであるミクロとしてのマーケティングを対象とする。また、製品戦略（product）、価格戦略（price）、チャネル戦略（place）、プロモーション戦略（promotion）というマーケティングの活動分野（4P）の詳細については言及せず、いわば、マーケティングという森全体の理解に主眼をおいた構成となっている。

　マーケティングの研究は、1900年代初頭にアメリカにおいて始まり、100年ほどが経とうとしている。現代のマーケティング理論は、この100年ほどの間に研究者たちがブロックを1つ1つ積み上げていった結果、出来上がったものである。本書では、現代のマーケティング理論は、マネジリアル・マーケティングないしマーケティング・マネジメントを土台として、その上に、ソーシャル・マーケティングが積みあがり、そして、戦略的マーケティングが積みあがり、さらに関係性マーケティングが積みあがるというような重層構造になっているという考えに基づく、章の構成となっている。また、関係性マーケティングの章を二つに分け、ビジネス・マーケットにおける関係性マーケティングの章を敢えて別に設けたのは、そこに関係性マーケティング研究の展開のいわば源流を認めることができるということとビジネス・マーケットを対象市場とするインダストリアル・マーケティングに対する関

心が近年、高まっていることからである。

　本書は、現代のマーケティングの森全体がどのように出来上がり、どのような内容になっているのか、そして、現代のマーケティングの論理がどのようになっているかを知りたいという学生及びビジネス・パーソン向けに書かれたものであり、本書がさらなる学びの道標となっていただければと願っている。なお、本書中の参考・引用文献は各章章末にまとめて記載している。また、本文中の参考文献の番号は各章末の参考・引用文献の番号と対応している。

　著者が、「マーケティング」という言葉に初めて接したのは、明治大学商学部の学生時代であった。大学3年時から卒業までの2年間、当時、日本の商業・流通・マーケティングおよび経営診断研究の第1人者であった故三上富三郎先生のゼミナールで学び、そこで、学問に対して多くの刺激を受けた。大学卒業後、ある企業に就職したが、22年後に、研究者を目指して、勤務していた企業を辞め、大学院に進学した。今思えば無謀な行動であったと思う。そのような晩学の著者の大学院での指導を引き受けてくださったのは、猿渡敏公先生であった。先生には、修士課程から博士課程、さらに、博士論文のご指導をしていただいた。先生からは、内外の文献の読み方から始まり、歴史及び文献研究に基づいた本格的な学問としてのマーケティングをご指導していただき、そのことが著者の現在の研究の土台となっており、猿渡先生には、大変感謝している。その他にも多くの方たちにご指導していただいた。著者が、現在、研究者あるいは教育者として、大学の教壇に立たさせていただいているのは、そのような周囲の方たちに恵まれ、多くの方たちに助けていただいたお陰であると感謝している。

　本書の出版をお引き受け下さり、このような刊行の機会を頂いた株式会社成文堂社長の阿部耕一氏、ならびに編集部の飯村晃弘氏と小林等氏に心から感謝の意を表する。特に、小林等氏には、親身になって、校正作業および出版に関わるご支援を頂いただけでなく、さまざまなご意見をいただき、心から感謝申し上げる。

最後に、日頃、著者の様々な話に付き合ってくれ、意見を述べてくれ、精神的な支えとなってくれている妻の智美に感謝する。

平成26年12月

斉　藤　保　昭

目　次

はしがき　*i*

第1章　現代マーケティングの進展 ……………………………………… *1*

第1節　マーケティングとは何か ……………………………………………… *1*
第2節　マーケティング・コンセプト ………………………………………… *5*
第3節　マーケティング・コンセプトと現代マーケティング
　　　　の潮流 ……………………………………………………………………… *8*

第2章　マーケティング・マネジメント ……………………………… *19*

第1節　マーケティング・マネジメントの体系 …………………………… *19*
第2節　マーケティング・マネジメント プロセス ……………………… *20*
　［1］マーケティング計画化 …………………………………………………… *20*
　　（1）マーケティング環境分析　*20*
　　（2）マーケティング目標　*24*
　　（3）標的市場の選定（セグメンテーション、ターゲティング、ポ
　　　　ジショニング）　*24*
　　（4）マーケティング・ミックスの策定　*27*
　［2］マーケティング組織化 …………………………………………………… *28*
　［3］マーケティング統制 ……………………………………………………… *28*
第3節　製品ライフサイクルとマーケティング戦略 ……………………… *29*
　［1］製品ライフサイクル ……………………………………………………… *29*
　［2］製品ライフサイクルとマーケティング戦略 ………………………… *31*

第3章 ソーシャル・マーケティングと戦略的マーケティングの展開……35

第1節 ソーシャル・マーケティング……35
　［1］ 社会的責任を重視したマーケティング……36
　［2］ 非営利組織のマーケティング……39
第2節 戦略的マーケティング……40
　［1］ 戦略的マーケティングとは……41
　　（1） 企業戦略　41
　　（2） 事業戦略　41
　　（3） 機能分野別戦略　41
　［2］ 戦略的マーケティングの内容……42
　　（1） 事業の定義　42
　　（2） 成長戦略　42
　　（3） 製品ポートフォリオ・マネジメント　43

第4章 関係性マーケティング……47

第1節 関係性マーケティングの登場……47
第2節 関係性マーケティングの概念……51
　［1］ 関係性マーケティングの定義……51
　［2］ 関係性の性格……52
第3節 関係性マーケティングの重要性……54
第4節 関係性マーケティングの範囲と対象分野……55
　［1］ 関係性の範囲……55
　［2］ 関係性マーケティングの対象分野……57
第5節 関係性マーケティングの強調の背景……58

第5章　ビジネスマーケットにおける関係性マーケティング ……63

第1節　ビジネスマーケットにおける売り手―買い手関係について……63
第2節　関係性発展プロセスについて……70
　（1）　段階1．認識　70
　（2）　段階2．探索　71
　（3）　段階3．拡張　72
　（4）　段階4．コミットメント　72
　（5）　段階5．解消　73
　（6）　関係性の形成段階　74
　（7）　関係性の維持・強化　75
　（8）　関係性の解消　76
第3節　関係性マーケティングと信頼……79
第4節　インダストリアル・マーケティングにおける売り手―買い手関係戦略……81

第6章　現代マーケティングの論理 ……91

第1節　現代マーケティングの論理への転換点……91
第2節　現代マーケティングの論理へのサービス・ドミナント・ロジックからの接近……93
第3節　現代マーケティングの論理への定義からの接近……97
第4節　現代マーケティングと価値創造……99
第5節　現代マーケティング論における共生の位置……101

［１］　共生概念について……………………………………………………*101*
　　［２］　現代マーケティング論における共生の位置………………………*103*

第1章　現代マーケティングの進展

第1節　マーケティングとは何か

　アメリカにおいて、"マーケティング"という用語が生まれたのは、20世紀はじめと言われている。日本においては、1956年に当時の日本生産性本部がマーケティング実業視察団を編成し、マーケティングの視察と調査のため、アメリカに派遣したのを発端として、1956年から57年頃にマーケティングに関心が持たれ、重要視されるようになったと言われている。それ以後、理論と実践が急速に普及していき、日常の中に、マーケティングという言葉が定着し、いたるところで使われてきた。ただ、残念なことに、多くの人たちがマーケティングという言葉は知っていてもマーケティングとは、どういうもので、どういう内容を持っているのかを必ずしもよく知らないのが実情ではないかと思われる。

　マーケティングとは、何か。この問いに答えることは非常に難しい。いわば定義をすることによる難しさである。マーケティングの定義については、マーケティング論と呼ばれる研究がアメリカで登場してから、多くのマーケティングの研究者たちによって、紹介されてきているが、これを統一しようと、現在のアメリカ・マーケティング協会（1937年設立）の前身である全国マーケティング教職員協会（National Association of Marketing Teachers）が、1935年に定義を発表した。ここで、アメリカ・マーケティング協会（American Marketing Association）の定義の変遷をたどってみると次のようになる。

1935年（The committee on definition, National Association of Marketing Teachers）

「マーケティングとは、生産から消費に到る財とサービスの流れに関わるビジネスの諸活動を含む」（Marketing includes those business activities involved in the flow of goods and services from productions to consumption）

48年（American Marketing Association）

「生産者から消費者またはユーザーへの財およびサービスの流れを方向づけるビジネスの諸活動の遂行」（The performance of business activities that direct the flow of goods and service from producer to consumer or user）

60年（American Marketing Association）：48年と同じ定義を採用

85年（American Marketing Association）

「マーケティングとは個人及び組織の目的を満たす交換を創造するために、アイディア・財・サービスの概念形成、価格設定、プロモーション、流通を計画し、実行するプロセスである」（Marketing is the process of planning and executing the conception,pricing, promotion and distribution of ideas, goods, and services to create exchanges that satisfy individual and organization objectives）

2004年（American Marketing Association）

「マーケティングとは、顧客に対し、価値を創造したり、伝達したり、受け渡したりし、かつ組織とステークホルダー（利害関係者）に便益を提供するように、顧客関係性を管理するための組織の機能であり、一連のプロセスである」（Marketing is an organizational function and a set of processes for creating,communicating and delivering value to customers and for managing customer relationships in ways that benefit the organization and its stakeholders）

2007年（American Marketing Association）

「マーケティングとは、顧客、クライアント、パートナー、社会全体にとって価値のある提供物を創造し、伝達し、受渡し、交換するための活動であり、一連の制度、そしてプロセスである。」（Marketing is the activity, set of institutions, and processes for creating, communicating, delivering, and exchanging offerings that have value for customers, clients,partners, and society at large.）

以上のように、アメリカ・マーケティング協会は、1935年、48年、60年、85年、そして2004年と07年の計六回、定義の発表を行ったが、その背景には、（1）定義をするということは、研究対象を限定するということ、（2）定義が変わるということは、現象との間に何かギャップが生じたということの二点があると思われる。それゆえに研究者が自身の研究対象をどのように限定し、どのように現実を観察するかによって自ずと定義が変わってくるのである。ただ、研究者によりさまざまな定義がなされているが、マーケティングに対しての共通理解があると思われる。その共通理解について述べることとする。

学問研究上、通常、マーケティングは、マクロとミクロの二つに大別される。マクロとしてのマーケティングは、商品が生産者から消費者まで社会的に移転してゆく現象としてのマーケティングであり、ミクロとしてのマーケティングは個別主体による対市場活動としてのマーケティングである［参考文献（8）、p.4］。今日、マクロとしてのマーケティングは、一般的には「流通論」という名称の下に研究され、ミクロとしてのマーケティングは、一般的には「マーケティング管理論」「マーケティング・マネジメント」などの名称の下に研究されている。ただ、通常、マーケティングという場合は、ミクロとしてのマーケティングを意味していることがほとんどである。そこで、本書においては、マーケティングをミクロとしてのマーケティングを対象とする。

マーケティングの中心概念は、交換である［参考文献（25）、p.3］。コトラー

(Kotler) は、交換とはマーケティングの中核となるコンセプトであり、求める製品を他者から手に入れ、お返しに何かを提供することであるとし、交換の成立には、（1）少なくとも2つのグループが存在する、（2）それぞれのグループが他方にとって価値がありそうなものを持っている、（3）それぞれのグループが、コミュニケーションと受け渡しができる、（4）それぞれのグループが、自由に交換の申し入れを受け入れたり拒否したりできる、（5）それぞれのグループが、他方と取引することが適切で好ましいと信じている、とし、この五つの条件が整わなければならないとしている。そして、交換が実際に成立するかどうかは、それぞれのグループが以前よりも良い状態になる（あるいは、少なくとも悪くはならない）条件に合意できるかどうかにかかっていて、通常は双方のグループにより良い状態をもたらすため、交換は価値創造のプロセスであると述べている［参考文献（28）、訳書、p.16］。

　ところで、マーケティングの中心概念は、交換であると述べたが、実は、その点に実務上のマーケティングの難しさがある。なぜならば、交換相手が自分の意のままにならない他者[注1]であるからである。つまり、例えば、企業にとっては、消費者または顧客は、自分の意のままにならない他者である。この点についてイトーヨーカ堂の創業者である伊藤雅敏は、次のように述べている［参考文献（3）］。

　「二十歳で家業に加わった私は商人の鑑である母と兄に商人の道、人の道を教えられ、多くの方々に助けられて今日がある。八十年近い人生で身に染みついた思いは日々新たに確信の度を増している。それは、お客様は来て下さらないもの、お取引先は売って下さらないもの、銀行は貸して下さらないもの、という商売の基本である。」

　伊藤雅俊が述べているようにまさに、お客様は、自分の意のままにならない他者だからこそお客様は来て下さらないものなのである。子供の頃、太陽と北風が旅人のマントを脱がす競争の話を聞いたことがある。北風は自慢の

風で旅人のマントを脱がそうとしたが結局脱がせられず、太陽があたれば暑くなり旅人は自然にマントを脱ぐという話である。まさにマーケティングとはこのようなことである［参考文献（7）, p.253；(19), p.4］。メーカーであれば、どうしたら太陽があたれば自然と旅人がマントを脱ぐように自然と自分の企業の製品を買ってくれるか、小売業であれば、どうしたら自分の店に自然に来てくれるかというまさにマーケティングとは売れる仕組み作りであるといえる。

マーケティングの原語（Marketing）を二つに分解すると、Market（市場）に ing がついていることから単に市場ということではなく、市場活動と理解することができる。市場とは、企業がその競争者と競いながら、製品の顧客を探し求めて製品とその代価を交換する場である［参考文献(11), p.14］。つまり、市場とは、需給結合の場であり、競争の場である。そこで、対市場活動としてのマーケティングにおいては、(1) 場を読む、(2) 差別化を図るということが重要となる。本書においては、このようにマーケティングを理解していくものとする。

第2節　マーケティング・コンセプト

ドラッカー（Drucker）は、事業の成功にとって第一義的な重要性を持つものは、事業家の価値判断ではなく、顧客の価値判断であり、顧客が値打ちがあると思うこと、それが決定的な重要性をもっているとし、顧客は事業の土台であり、事業の存在を支えるものであると述べている［参考文献 (24)、訳書 p.48］。この考え方は、マーケティング論における中心的な考え方で、顧客志向あるいはマーケティング・コンセプトと呼ばれるものである。マーケティング・コンセプトとは、マーケティング活動を遂行するうえでの基本的な考え方・思考のことであり、どうあるべきかという規範や理念を内容としている［参考文献 (15), p.77］。

コトラー（Kotler）は、マーケティング・コンセプトを図表1-1のように、

外から内へ視点（outside-in perspective）に立ち、市場を特定することに始まり、顧客ニーズに焦点を当て、顧客に影響を及ぼす活動すべてを統合し、顧客を満足させることによって利益を生むとし、標的市場（target market）、顧客ニーズ（customer needs）、統合型マーケティング（Integrated Marketing）、収益性（Profitability）の4本の柱に支えられているとし、その内容については、次の通りである［参考文献（27）、p.20-25］。

図表1-1　マーケティング・コンセプト

出発点	焦点	手段	目標
標的市場 ➡	顧客ニーズ ➡	統合型マーケティング ➡	顧客満足による利益

(出所) Kotler. P., *Marketing Management: Analysis, Planning, Implementation, and Contral (Ninth Edition)*, 1997. P.20を参照して著者作成。

【マーケティングの4つの柱】
① 標的市場
企業は標的市場を注意深く特定し、それに適したマーケティング・プログラムを準備するように最善を尽くす。
② 顧客ニーズ
ニーズとは、人間の基本的要件であり、ニーズには、次の5つのタイプがある。

　ニーズの5つのタイプ（安い車が欲しいという顧客の例）
　ⓘ　明言されたニーズ（Stated needs）（顧客は安い車を望んでいる）
　ⓘⓘ　真のニーズ（Real needs）（顧客は初期価格（initial price）ではなくオペレーティング・コスト（operating cost）の安い車を望んでいる）
　ⓘⓘⓘ　明言されないニーズ（Unstated needs）（顧客はディーラーからの良いサービスを期待している）
　ⓘⓥ　喜びのニーズ（Delight needs）（顧客は車を購入し、アメリカの道路地図を贈呈してくれることを望んでいる）
　ⓥ　隠れたニーズ（Secret needs）（顧客は十分価値志向の消費者（Value-oriented

savvy consumer）と友人に思われたい）

③ 統合型マーケティング

企業のあらゆる部門が顧客の利益のために協力しあった結果として統合型マーケティングが生まれ、それには、次の2つの条件が必要である。

条件1：マーケティングにかかわる各部門が、顧客の視点に立って連携しなければならない。
条件2：他の部門もマーケティングに取り組まなければならない。そして、全ての従業員が顧客満足への影響を認識しなければならない。

優れたマーケティングを行う企業は、伝統的な組織図である［トップ・マネジメント→中間管理職→現場の従業員→顧客］のようにトップ・マネジメントが頂点にいて、管理職が中間に、そして現場で接客をする従業員と顧客が一番下に来るピラミッドではなく［顧客→現場の従業員→中間管理職→トップ・マネジメント］のように、顧客が頂点に来るようにそのピラミッドを逆さまにする。次に重要なのは顧客に直に接してサービスし満足させる現場の従業員であり、その下に現場の従業員が顧客に十分なサービスを提供するように支援する中間管理職が来て、一番下に優秀な中間管理職を雇って支援するトップ・マネジメントが来る。そして、管理職全員自ら顧客を知り、接し、仕さなければならない。このようにあらゆる部門が顧客のことを考えなければならないのである。

④ 収益性

マーケティング・コンセプトの究極の目的は組織の目標達成を手助けすることであり、民間企業の場合、主要な目標は利益をあげることである。ただし、民間企業は利益そのものを目的にしない方がよく、結果として利益がついてくるものと考えるべきである。

第3節　マーケティング・コンセプトと現代マーケティングの潮流

　前節において、マーケティング・コンセプトについて述べてきたが、マーケティング・コンセプトの進展は、マーケティン理論の進展と表裏の関係にあると考える。
　バーテルズ（Bartels）は、マーケティング思想の発展段階について、①発見の時代（Period of Discovery）［1900～10年］、②概念化時代（Period of Conceptalization）［10～20年］、③統合時代（Period of Integration）［20～30年］、④発展時代（Period of Development）［30～40年］、⑤再評価時代（Period of Re-appraisal）［40～50年］、⑥再概念化時代（Period of Reconception）［50～60年］、⑦分化時代（Period of Differentiation）［60～70年］、⑧社会化時代（Period of Socialization）［70年～］のように分類し、次のように説明している［参考文献（21）、pp.30-31、訳書pp.46-47］。

①　発見の時代（1900～10年）
　マーケティングの初期の教師達は、流通業に関する諸事実を求めた。理論は、流通、世界貿易、商品市場に関係する経済学から借用された。"マーケティング"という概念が生じ、名称がそれに与えられた。

②　概念化時代（10～20年）
　多くのマーケティング概念がはじめて発展させられた。諸概念が分類され、またもろもろの用語が定義された。

③　統合時代（20～30年）
　マーケティングの諸原理が公準化され、思想の一般的体系がはじめて統合された。

④　発展時代（30～40年）
　マーケティングの各論的諸分野が発展を続けた。仮説的諸前提（hypothetical assumptions）が証明され、また数量化された。マーケティング解説に対する

いくつかの新しい接近法が企てられた。

⑤ **再評価時代（40〜50年）**

マーケティングの概念や伝統的解説は、マーケティング知識に対する新しい欲求から見て再評価された。この主題の科学的諸側面が考慮された。

⑥ **再概念化時代（50〜60年）**

マーケティング研究に対するもろもろの伝統的接近法は、経営者の意志決定（managerialism decision making）、マーケティングの社会的諸側面（social aspects of marketing）、また数量的マーケティング分析（quantitative marketing analysis）の重視の強化によって、補強された。多くの新概念が、―あるものは経営学の分野や、他の社会科学から借りてこられたが―マーケティングへ導入されたのである。

⑦ **分化時代（60〜70年）**

マーケティング思想が拡大されるにつれて、新しい諸概念が思想の全体的構造の重要な構成部分として、実際に確認された。それらには、経営者主義（managerialism）、全体論（holism）、環境主義（environmentalism）、システム（systems）、国際主義（internationalism）などのごとき要素があった。

⑧ **社会化時代（70年〜）**

社会的諸問題とマーケティングは、さらに一層重要なものとなった。その理由は、マーケティングに対する社会の影響ではなく、社会に対するマーケティングの影響が関心の焦点となったからである。

デイ（Day）らは、1960年代、70年代、80年代のマーケティングの役割について、次のように指摘している［参考文献（23）、pp.79-80］。

（1） 1960年代は、マーケティングが非常に大きな影響力のある有望なものであり、マーケティング志向は成長市場において利益向上の重要な要素として企業に受け入れられ、また長期計画の不十分さからマーケティング計画が企業の製品―市場選択に指針を与えることにより戦略的変化のための有力

的な道具となった。

（2） 70年代において、マーケティングの影響力は、著しく弱体化したが、その一方で、戦略的計画が優勢となった。

（3） 80年代は、マーケティングが従来の影響力を再び取り戻す機会を提示する計画の、実践における重要な発展を必要とした。80年代の挑戦は、以前の企業が生み出したものとはちがうものである。低成長経済において、企業が成長し、ポジションを維持するために新たな機会を探し求めなければならないことを認識するほどより激しくなってきており、単に現在のポジションを強化するだけでは不十分であり、同時に技術の進展、規制緩和、生産性への圧力、品質の強調などの要因が競争の新たな挑戦課題となり新たな源泉となる。そして、持続的競争優位（sustainable competitive advantage）が焦点となった。

ダロッシュ（Darroch）らは、1920年から1989年までの多数のマーケティングの定義を分析した結果、思想（または視点）に関して次のように分類している［参考文献（22）、p.30］。

① 経済効用の視点（economic utility viewpoint）
　1920年代以来普及している。
② 消費者の視点（consumer viewpoint）
　50年代に出現し、60年代と70年代に普及した。
③ ソサイエタルの視点（societal viepont）
　30年代に多少の出現を見たが、70年代になり広く受け入れられた。
④ マネジリアルな視点（managerial viewpoint）
　まず、50年代に出現し、60年代に急速に受け入れられた。
⑤ ステークホルダーの視点（stakeholder viewpoint）

以上、マーケティングの思想の変遷を見てきたが、1950年代から60年代に

かけて確立されたマネジリアルの視点、そして70年代に登場し広く受け入れられたソサイエタルの視点、さらに新たなステークホルダーの視点があげられる。また、このようなマーケティングの思想の変遷を踏まえて、戦後のマーケティング論の研究の進展をみた時、まず、1950年代から60年代にマネジリアルの視点であるマネジリアル・マーケティングないしはマーケティング・マネジメント[注2]が確立され、それらの伝統的な領域に対して新たな研究課題の提示として、70年代にソサイエタルな視点であるソーシャル・マーケティングが登場し、他方において、80年代以降戦略的マーケティングについての研究もなされてきた。そして、90年代に入り、ステークホルダーの視点を持った関係性マーケティングの研究への取り組みが本格的になされるようになってきた。また他方では、2000年以降企業が社会の一員として存続するために、社会的な公正さや環境への配慮を活動のプロセスに組み込む責任を指すCSR（Corporate Social Responsibility）の論議が高まってきている。このような論議もマーケティングの新たな課題となりつつある。

　また、先述したAMAの定義の変遷を第1段階（35年、48年、60年）、第2段階（85年）、第3段階（04年、07年）に分けた時、第2段階への契機となったものにマーケティング境界論争があり、第3段階への契機となったものに、リレーションシップ（関係性）の論議の高まりとCSRの論議の高まりがあり、その結果、あらゆるステークホルダーへの配慮というステークホルダーの視点が定義に導入されたと考えられる。以上の論議をまとめたものが次頁の図表1-2である。

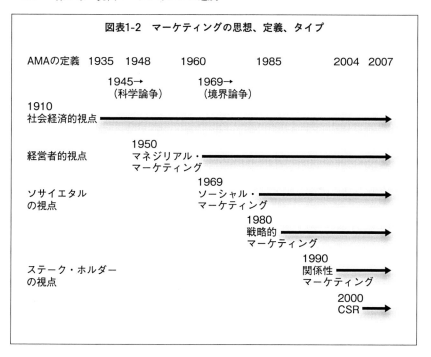

図表1-2　マーケティングの思想、定義、タイプ

　マーケティング・コンセプトとのつながりでそれらの進展をとらえた時、マネジリアル・マーケティングないしはマーケティング・マネジメントの根底に顧客志向がある［参考文献（14）、pp.45〜46］。70年代になり、その流れに変革をせまったのが、企業の社会的責任（social responsibility）の主張であり、ソーシャル・マーケティングが登場した。ソーシャル・マーケティングはマネジリアル・マーケティングないしはマーケティング・マネジメントに対立するものではなく、それを補うものであり、マーケティング・コンセプトにおいては、従来の顧客志向に社会的責任の考え方が付加されたものと考える。前述した70年代、80年代のマーケティングの役割についてのDayらの指摘からもわかるように、70年代になり、マーケティングの影響力は、著しく弱体化したが、その一方で、戦略的計画が優勢となり、80年代に、持続的競争優位（sustainable competitive advantage）が焦点となってきたことから戦略

的マーケティングが登場した。それは、従来の顧客志向、社会的責任に加えて、マーケティング・コンセプトに競争志向が付加されたと考える。そして、90年代に入ると長期的・継続的取引の強調を特徴としたマーケティングである関係性マーケティング（Relationship Marketing）が登場した。そして、新たにマーケティング・コンセプトに関係性志向が付加されたように考える。このように、戦後のマーケティング論は、マネジリアル・マーケティングないしはマーケティング・マネジメント、ソーシャル・マーケティング、戦略的マーケティング、関係性マーケティングと進展してきたが、あくまでもその根底には、マネジリアル・マーケティングないしマーケティング・マネジメントがあり、その基盤の上に以後に登場したマーケティングが重層的に積み上げられていると考えると同時にマーケティング・コンセプトの根底には、顧客志向があり、その基盤の上に社会的責任、競争志向、関係性志向があると考える。

　以上、マーケティング・コンセプトと現代マーケティング論の潮流について、概観してきたが、マネジリアル・マーケティングないしマーケティング・マネジメントは、今日まで一貫して継続しているが、ソーシャル・マーケティング、戦略的マーケティングの進展までは、その延長線上で捉えることができるが、関係性マーケティングにおいては、単なる延長線上ではとらえられない側面がある。それは、従来は、マーケティングの中心概念としての交換を単発的交換としてのみとらえ、長期的・継続的な交換関係という視点が欠落していた［参考文献（8）、p.225］という側面であり、まさに時間概念が変わったということである。その点からも1990年代において、マーケティングの論理が、新たな段階を迎えたと考えられる。現代のマーケティングの論理については、第6章にて述べることとする。

(注)

（1）　石井淳蔵は、「他者と切り結ぶ偶有的な世界において、いかにして秩序が生成するかの問題は、マーケティング研究の第一義的な問題であることを強調したい。同時に、その問題は今や、社会のありようを最も根本的な視点から考える理論家にとって主テーマとなった感がある。」(p.Ⅳ) とし、"意のままにならない他者" をマーケティング研究の理論課題とした［参考文献（1）、pp. ⅱ-p.ⅳ］。

（2）　森下二次也は、マネジリアル・マーケティングは、少なくとも次のような三つの互いに区別すべき内容を含意するものとして理解することが必要であるとしている。①たんなるSellingとは異なったSellingはもちろんこれと関連のある企業の諸活動の綜合としてのMarketingたんなるDoingとは異なったProblem solving, Decision making, Planning— 要するに綜合的なMarketing management. ②たんにマーケティングにかんする企業の諸活動が綜合的に管理されるというにとどまらず、企業のあらゆる活動がマーケティングの見地から計画され、組織され、発動され、統制されるという事態。つまりMarketing approach to management ③社会的な過程や制度としてではなくて、もっぱら企業の活動としてとらえたマーケティング。つまりManagerial approach to marketing［参考文献（18）、pp.1-2］。

　なお、マネジリアル・マーケティングとマーケティング・マネジメントについて、村松潤一は、「戦後のアメリカにおける『マーケティングに関するマネジメント』の体系化も、ハワード、マッカーシー、コトラーらのいうミドル・マネジメントとしてのそれと、いまひとつケリーのいうトップ・マネジメントとしてのマネジリアル・マーケティングの2つがあることに注意しなくてはならない。両者の違いは、遂行すべきマネジメント・レベルの相違と言い換えることができ、トップ・マネジメントとしてのマネジリアル・マーケティングは、明らかにミドル・マネジメントとしてのマーケティング・マネジメントの上位概念として理解できる。残念ながら、その後のマーケティング研究では、両者の区分をあまり明確にすることなく議論してきたように思われる」と述べている［参考文献（17）、p.14］。

　また、石井淳蔵は、「マーケティング・マネジメント論とマネジリアル・マーケティング（経営者的マーケティング）論との違いは、それほど明瞭ではない。現在では、マーケティング・マネジメント論の方が通りがよい。ただあえてここで区別するとすれば、前者は手法的である一方、後者は理念や

史観を含んでいる点にあると理解している」と述べている［参考文献（2）、p.85］。
（3）徳永豊は、「顧客志向は顧客中心の考え方であることには違いないが、しかしそれは単なる顧客中心の考え方ではなく、経営活動を方向づけ、経営全体を支配する経営理念にまで高揚したところに、従来からの顧客中心の考え方との間に大きな相違があるといわねばならない。このような顧客志向の考え方をマーケティング理念として経営活動の中で明確に打ち出すようになったのは第二次世界大戦以降である。なかんずくゼネラル・エレクトリック社（General Electric Co.）が1946年の年次報告において、顧客志向の原則の採用を表明し、それを数年間あらゆる角度から研究し、1951年に実行に移し、1950年代のなかば過ぎにようやく、そのために多くの改革と調整を完了した。その間に、数度にわたる組織改革を断行し、いわゆる事業部制の採用をみたのである。ここに、今日、問題とするマーケティング理念の開花がある」と述べている［参考文献（12）、p.8］。

（参考・引用文献）
（1）石井淳蔵編『マーケティング』、八千代出版、2001年。
（2）石井淳蔵『マーケティング思考の可能性』、岩波書店、2012年。
（3）伊藤雅俊「私の履歴書」『日本経済新聞』、2003年4月1日朝刊。
（4）樫原正勝「演繹的科学方法論によるマーケティングの定義づけについて—マーケティング経済学をめざして（2）」『武蔵大学論集』、第27巻第2号、1979年、pp.1-60。
（5）小林一「マーケティング戦略論の進化と総合—過去、現在、未来」『企業診断』、第48巻第9号、同友館、2001年、pp.46-53。
（6）近藤文男、陶山計介、青木俊昭編『21世紀のマーケティング戦略』、ミネルヴァ書房、2001年。
（7）斉籐保昭「現代マーケティングの論理について」『淑徳大学研究紀要』、2011年、pp.251-268。
（8）猿渡敏公『マーケティング論の基礎』、中央経済社、1999年。
（9）嶋口充輝、石井淳蔵『現代マーケティング（新版）』、有斐閣、1995年。
（10）田村正紀「マーケティング境界論争」『国民経済雑誌』、第135巻第6号、pp.95-104。
（11）田村正紀『マーケティングの知識』、日本経済新聞社、1998年。

(12) 徳永豊『マーケティング戦略論』、同文館、1966年。
(13) 徳永豊、江田三喜男、須賀庸夫編『現代マーケティング』、東京教学社、1985年。
(14) 橋本勲『現代マーケティング論』、新評論、1973年。
(15) 三上富三郎『現代マーケティングの理論』、ダイヤモンド社、1974年。
(16) 村松潤一『戦略的マーケティングの新展開（第二版）』、同文館、2002年。
(17) 村松潤一『コーポレート・マーケティング』、同文館出版、2009年。
(18) 森下二次也「Managerial marketing の現代的性格について」『経営研究』、第40号、1959年、pp.1-29。
(19) 山本晶『コア・テキスト マーケティング』、新世社、2012年。
(20) 和田充夫、日本マーケティング協会編『マーケティング用語辞典』、日本経済新聞社、2005年。
(21) Bartels, R, The History of Marketing Thought, 2nd ed., Grid Ginc., 1976.（山中豊国訳『マーケティング理論の発展』、ミネルヴァ書房、1979年）。
(22) Darroch, J., Miles, M. P., Jadine, A., and Cooke, E. F., "The 2004 AMA definition of Marketing and its Relationship to A Market Orientation : An Extension of Cooke, Rayburn, & Abercrombie (1992)," *Journal of Marketing Theory and Practice, 12 (4)*, 2004, pp.29-38.
(23) Day, George S. and Robin Wensley, "Marketing Theory with a Strategic Orientation," *Journal of Marketing*, Vol.47, No.4, 1983, pp.79-89.
(24) Drucker. Peter. F., *The Practice of management*, Harper & Brothers Publishers, 1954.（P. F. ドラッカー著、野田一夫監修、現代経営研究会訳『現代の経営』、ダイヤモンド社、1965年）。
(25) Houston. F. S., & J. B. Gassenmheimer, "Marketing and Exchange," *Journal of Marketing*, vol.51（October）, 1987, pp.3-18.
(26) Hunt, S. D., *Marketing Theory : Conceptual Foundations of Research in Marketing*, Grid inc., 1976.（阿部周造訳『S・D・ハント マーケティング理論―マーケティング研究の概念的基礎』、千倉書房、1979年）。
(27) Kotler. P., *Marketing Management: Analysis, planning Implementation, and Control (Ninth Edition)*, 1997.
(28) Kotler. P., *Marketing Management : Millennium Edition, Tenth*

第3節 マーケティング・コンセプトと現代マーケティングの潮流　　*17*

Edition, Prentice-Hall, Inc. 2000. (フィリップ・コトラー著、恩蔵直人監修、月谷真紀訳『コトラーのマーケティング・マネジメント　ミレニアム版(第10版)』、ピアソン・エデュケーション、2001年)。

(29)　Kotler, Philip and Sidney J. Levy, "Broading the Concept of Marketing," *Jounal of Marketing*, Vol.33, No3, 1969, pp.10-15.

(30)　Lazer, W., "Marketing's Changing Social Relationships," *Journal of Marketing*, Vol. 33, No.3, 1969, pp.3-9.

第2章　マーケティング・マネジメント

第1節　マーケティング・マネジメントの体系

　第1章でも述べたように、通常、マーケティングという場合は、ミクロとしてのマーケティングを意味し、企業による対市場活動として理解されている。ミクロとしてのマーケティングは、一般的には「マーケティング管理論」「マーケティング・マネジメント」などの名称の下に研究され、マネジメントの視点から理論的に体系化されている。

　企業による対市場活動としてのマーケティングは、その組織のマネジメントを行う管理者によって管理されなければならない。そこにマーケティングマネジメントの考え方が生まれてくる。通常、マネジメントは、"人々をして物事をうまくなさしめること"と理解されている。そして、このマネジメントの仕事を担当する人が、マネージャーないしは管理者である。ここでマーケティング・マネジメントの概念を簡単に整理すると"マーケティング・マネジメントというのは、"マネージャーないしは管理者が、マーケティング担当者をして市場活動をうまくなさしめること"ということができる。

　では、マーケティング・マネジメントの体系について述べたいと思う。コトラーらは、マーケティング・マネジメントを「標的市場を選び出し、それらと有益な関係を作る技術（art）と科学（science）である」と定義している[参考文献(20)、p.32]が、では、マーケティング・マネジメントの体系とはどのようなものであろうか。

　ここでは、マネジメント研究の学派の一つである管理過程の考え方を応用することとする。クーンツ（Koontz）らは、管理機能あるいは管理要素とし

て①計画化、②組織化、③人事化、④指揮、⑤統制の5つをあげている［参考文献（18）、訳書p.56.］が、本書においては、計画→実行→統制のマネジメントサイクルを意識し、便宜的に①計画化、②組織化、③統制の3つに集約し、上に述べた人事化、指揮は、一括して組織化の中に含めることとする。計画化、組織化、統制という管理機能（要素）は連続的なプロセスとして展開されるので管理過程と呼ばれる。そして、そのプロセスの最後の統制という機能はフィードバックされて計画機能に結びつけられることになる[注1]。

　以上、計画化、組織化、統制の3つの機能をマーケティング・マネジメント プロセスとして、次節で述べることとする。

第2節　マーケティング・マネジメント プロセス

　前節で述べたように、マーケティング・マネジメント プロセスは、マーケティング計画化→マーケティング組織化→マーケティング統制という流れであり、このプロセスについて説明することとする。

［1］　マーケティング計画化

　計画化とは、将来行うことを現在決定することであり、将来のコースに関する意思決定である［参考文献（7）、p.108］。マーケティング計画化の内容としては、①マーケティング環境の分析→②マーケティング目標の設定→③標的市場の選定→④マーケティング・ミックスの構築からなる。

（1）　マーケティング環境分析

　企業が存続・維持・発展するためには、企業を取り巻く環境に的確に適応することが重要なポイントである。環境は、企業を取り巻く外部環境と企業の経営資源であるヒト、モノ、カネ、情報に代表される内部環境の二つに分けられる。そこで、行われなければならない活動として、マーケティング環境分析がある。環境分析には、一般的に外部環境分析と内部環境分析があ

り、環境を分析する手法として、SWOT 分析がある。

① 外部環境

外部環境には、マクロ環境とミクロ環境がある。マクロ環境は、企業にとって、間接的な環境であって、環境不可能な環境のことで、具体的には、人口統計学的環境、経済環境、技術環境、政治・法律環境、社会・文化環境、自然環境、から構成され、ミクロ環境は、企業と直接かかわりのある環境で、企業にとってある程度は統制可能な環境のことで、具体的には、市場（消費者）、競争業者、供給業者、中間媒介業者などから構成される［参考文献（8）、p.20］。

② 内部環境

内部環境には、企業のヒト、モノ、カネ、情報があげられる。具体的には、生産能力、研究開発力、人材、購買力、組織文化、マーケティング力（これまでのマーケティング戦略によって蓄積されたもの）などから構成される［参考文献（8）、p.21］。

③ SWOT 分析

環境分析には、外部環境分析と内部環境分析の2つがある。図表2-1のように外部環境分析には、企業を取り巻く環境に存在する機会（Opportunities）と脅威（Threats）の分析があり、内部環境分析には、企業自身が有する相対的な強み（Strengths）と弱み（Weaknesses）の分析がある。この分析は、その英語の頭文字をとって、一般に、SWOT 分析と呼ばれている。

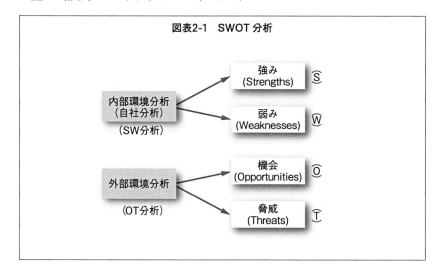

図表2-1　SWOT 分析

① 外部環境分析（機会・脅威分析）

　環境を分析する主要な目的は、企業が利益をあげられるような、購買者のニーズが存在している魅力ある新しい機会を識別することである。コトラーは、機会はその魅力度（attractioveness）と成功確率（success probability）によって分類できるとして機会マトリクスを提示している。このマトリクスにおいて、最高のマーケティング機会は、魅力度と成功確率が高いところに位置しており、これが、経営者が追求すべき最高の機会であるといえる［参考文献（21）、pp.81～82］。一方、外部環境の変化によって脅威がもたらされることもある。

　環境上の脅威というのは、企業が不利な環境の傾向や変化に対し、うまく対応できなければ売上や利益の悪化をもたらすような、企業にとって好ましくない傾向である。コトラーらは、脅威は、深刻度（seriousness）と発生確率（probability of occurrence）によって分類すべきであるとして脅威マトリクスを提示している。このマトリクスにおいて深刻度と発生確率の高い位置が、企業に大きなダメージを与える可能性があり、しかも発生確率が高いので主要な脅威となる。企業がこれらの脅威に対処するにあたって必要なことは、不

測事態対策計画を作成することである［参考文献（21）、pp.81～82］。

以上、機会と脅威についてみてきたが、企業にとって理想的なことは、主要な機会が大きく、主要な脅威が小さいということになり、このような機会と脅威を識別するためには、情報を迅速に的確に収集し、分析する仕組み作りが重要となる。

ⅱ 内部環境分析（強み・弱み分析）

次に、企業が機会を利用したり、脅威に対応したりするために資源や能力を持っているかどうかを分析することが必要になり、そのために内部環境分析を行う。内部環境分析の中心的課題は、企業の強みと弱みを明らかにすることである。強みと弱みを分析するには、企業の内部状況をチェックすることが必要であり、コトラーらは、"強み・弱み分析のためのチェックリスト"を提示した。コトラーらは、マーケティング、財務、製造、組織に分類し、それぞれのチェック項目を次のようにした［参考文献（23）、p.53］。

1．マーケティング：①企業の評判、②マーケットシェア、③顧客満足、④顧客維持、⑤製品品質、⑥サービス品質、⑦価格の有効性、⑧流通の有効性、⑨プロモーションの有効性、⑩販売部隊の有効性、⑪イノベーションの有効性、⑫（広告などの）地理的到達範囲

2．財務：①資本コストと資金調達力、②キャッシュ・フロー、③財務の安定性

3．製造：①設備、②規模の経済性、③生産能力、④有能で献身的な労働力、⑤時間通りに生産する能力、⑥技術的な製造のスキル

4．組織：①ビジョナリー（visionary）な有能なリーダー、②献身的な従業員、③起業家的志向、④柔軟性または反応

魅力的な機会を見極めることと、その機会において成功する能力と資源を持つこととは別のことである。このようなチェックリストを使って、マーケティング、財務、製造、組織の各能力や資源を見直し、それぞれの要素につ

いて段階評価を実施すれば強みと弱みが分析できると考える。ただ、強みと弱みを分析するだけでなく、外部環境分析と常に連動した形で実施することが必要である。

以上、SWOT分析について述べてきたが、この分析を通じて、環境の中から何が脅威となり、何が機会となるかをつかみ出して、さらに自社の持っている強みと弱みを見極めることができるようになる。そして、優れた戦略というものは、市場機会をとらえて自社の強みを生かしていけるような戦略、脅威を抑えて自社の弱みをカバーできるような戦略であるということになる。

（2） マーケティング目標

マーケティング目標は、全社的目標を達成するための下位目標であるが、マーケティング目標が全社的な目標として設定される場合もある［参考文献（7）、p.109］。一般的には、売上高、利益率、市場シェアなど具体的目標がかかげられる。

（3） 標的市場の選定（セグメンテーション、ターゲティング、ポジショニング）

マーケティング環境分析を踏まえ、マーケティング目標を設定し、次に行わなければならないことは、標的市場の選定である。第1章で、マーケティングにおいて、場を読むことと差別化を図ることが重要ポイントであると述べたが、顧客全般ではなく顧客層を細分化し（セグメンテーション）、そこから対象となる層を決め（ターゲティング）、その自らのポジションを定める（ポジショニング）という方法が、重要である。それは、Segmentation、Targeting、Positioning の頭文字をとり、STPと呼ばれる手法である。

① 市場細分化（セグメンテーション、Segmentation）

市場細分化とは、市場全体を何らかの細分化基準によって分割することで

ある。分割されたそれぞれの市場は、市場セグメントと呼ばれる。市場細分化にあって重要なことは、各市場セグメント間は、基本的には異質である一方、同一の市場セグメント内はある程度同質的な需要から構成されていることである。

　市場細分化を行うためには、何らかの基準がなければならない。その際の基準を市場細分化基準と呼ぶ。コトラーらは、地理的変数（世界の地域、日本の地域、地方、都市の人口規模、人口密度）、デモグラフィック変数（年齢、性別、世帯規模、家族のライフサイクル、世帯所得、職業、最終学歴）、サイコグラフィック変数（社会階層、ライフスタイル、パーソナリティ）、行動上の変数（使用場面、追求するベネフィット、利用経験、利用水準、ロイヤリティの状態、購買準備段階）という細分化の主要な変数を市場細分化基準として提示している［参考文献（14）、p.89］。

　実際に市場細分化を行うためには、なんらかの条件がなければならない。そのために次の3つの条件が存在する［参考文献（7）、p.115］。

ⅰ　測定可能性

　市場細分化をしようとする場合に基本的に細分化するためのデータが収集できなければならない。収集が不可能であれば明確な細分化は期待できないことになる。

ⅱ　接近可能性

　市場が容易に細分化できたとしても、所期の効果を達成するためには、細分化された市場に効果的にマーケティング活動を集中できなければならない。その意味で、マーケティング活動が効果的に市場に到達しうるような細分化の選択を行う必要がある。

ⅲ　実質性

　細分化した市場が十分な規模を持ち、独立したマーケティング活動を展開するだけの価値を持つことが必要である。

② ターゲティング（Targeting）

　市場細分化が終われば、企業は、その市場にある一つ以上の市場セグメントに参入することを検討する。つまり標的市場の選定である。標的市場に対するマーケティングには、無差別型マーケティング（undifferentiated marketing）、差別型マーケティング（differentiated marketing）、集中型マーケティング（concentrated marketing）という3つの考え方がある［参考文献（20）、pp.225〜229］。

ⅰ 無差別型マーケティング

　人びとのニーズの何が異なっているかということよりも何が共通しているかということに焦点を合わせ、市場セグメント間の違いを無視し、単一の提供物（offer）で市場全体に対応しようとする考え方である。そして、企業は、最大多数の購買者に訴求できるような製品をデザインし、マーケティングプログラムを設計する。

ⅱ 差別型マーケティング

　企業は、いくつかの市場セグメントを標的にし、それぞれの市場セグメントに対して、別個の提供物（separate offers）をデザインしていこうとする考え方。

ⅲ 集中型マーケティング

　大きな市場の中で小さなシェアを追うのではなく、1つもしくは少数の市場セグメントまたはニッチ市場（niches）の中で大きなシェアを追うという考え方である。

③ ポジショニング（Positioning）

　標的市場が決まれば、それらの市場セグメントの中で、その企業がどのようなポジションを占めたいのかの決めなければならない。つまりポジショニングである。

　ポジショニングとは、「ある製品が、競合品と比較して、標的とする消費

者の心のなかで明確な、独自の、望ましい位置を占めることができるように調整すること」である［参考文献（19）、訳書p.300］。

あるポジショニングの切り口が有効であるためには、第一に、多くの消費者に重要性を感じてもらわなければならないとういうことであり、第2に、独自性を追求することであり、第3に、競合ブランドと比べて優越性という条件を満たしているかどうかが鍵となる。少なくとも以上の「重要性」「独自性」「優越性」の3つの条件を備えていることが必要である［参考文献（4）、pp.40～41］。

ポジショニングでは、製品やサービスそのものは、実際に違っていなくても構わず違うと感じてもらうことが大切であり、「どう思われたいか」が中心課題となる［参考文献（5）、pp.56-57］。

（4） マーケティング・ミックスの策定

標的市場が選定され、ポジショニングが終われば、次に具体的に、当初のマーケティング目標を達成するためには何をすれば良いのかということが課題となる。つまりマーケティング・ミックス（maketing mix）の策定である。マーケティング・ミックスの概念は、ボーデンによって導入されたが、マーケティング・ミックスとは、マーケティング目標を達成するために、マーケティングの活動領域である製品（Product）、価格（Price）、チャネル（Place）、プロモーション（Promotion）の組み合わせを意味する。料理に喩えれば、様々な材料がお互いに絡みあいながら料理全体がおいしくなるように、マーケティング・ミックスの諸要素である4P（製品、価格、チャネル、プロモーション）も相乗効果を発揮するように組み合わされなければならない。

なお、標的市場の選定とマーケティング・ミックスの策定がマーケティング・マネジメントの中心課題となるが、その関係について簡単に描くと図表2-2のようになる。

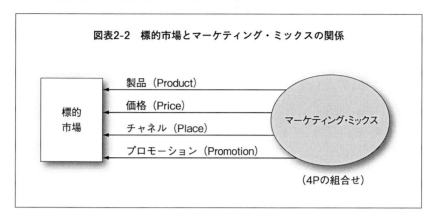

図表2-2 標的市場とマーケティング・ミックスの関係

［2］ マーケティング組織化

次に実行の段階になるが、実際には、組織化を図ってマーケティングを実行することからここでは、マーケティング組織化について論じることとする［参考文献（7）、pp.110～111］。

マーケティング組織化は、大別すると、組織編成、人員配置、指揮の3つの領域に分かれる。組織編成とは、マーケティングを実際に実施するための組織を構築することであり、人員配置とは、業務遂行に必要な人員数とその性格の決定であり、従業員の採用、教育、訓練により、従業員を業務遂行にふさわしく形成し、各組織部門に配属することである。指揮とは、マーケティング業務の実施を有効にするためには従業員を指揮することが必要になり、これには権限と責任の委譲、従業員間の調整、従業員のモラール（勤労意欲）のための動機づけ、意思伝達活動などがある。

［3］ マーケティング統制

最後にマーケティング統制について論じることとする［参考文献（7）、pp.111～113］。マーケティング統制とは目標、戦略、業績などを評価、検討することである。この統制のための評価検討のプロセスは通常、業績測定→差異分析→是正措置の3段階からなる。業績測定とは、完了した業務につい

て事実を収集し、これを記録、報告することであり、差異分析とは、実際の業績と計画または目標とを比較し、そこに差異が生じた場合、いかなる要因が原因となっているのかを分析する。是正措置とは、差異分析、業績評価にもとづいて、次期の計画達成のために業務を改善したり調整したりすることである。

第3節　製品ライフサイクルとマーケティング戦略

［1］　製品ライフサイクル

　人間を含め、この世のありとあらゆるものに誕生と死滅があるように、製品にもそのような時間の経過がある。マーケティング論では、生物学で用いられていたライフサイクルという概念を応用して、1つの製品が世の中に出る（導入）と、売上げが次第に伸びていき（成長）、ある段階になると成長が止まり（成熟）、やがて減っていくという経過を製品ライフサイクルと呼ぶ。新製品が市場に導入されてから、次第に普及し、やがて市場から姿を消していくプロセスである。

　図表2-3は、ライフサイクルの最も一般的なモデルであり、導入期、成長期、成熟期、衰退期という4つの段階に区分し、図では、横軸に時間の経過、縦軸に売上高と収益がとられ、時間の経過に伴う製品の売上高と収益の推移が描かれている。但し、急速な売上の増加の後、短期間のうちに市場から消えていく製品があるように全ての製品がこのような姿を描くとは限らない。また、ライフサイクルの概念は、製品カテゴリー、製品形態、ブランドのように製品の種々な集計段階について考えることができ、ライフサイクル曲線全体と各段階の長さは、どの集計段階を対象にするかによって異なる［参考文献（10）、p.101］。各段階の特徴は次の通りである［参考文献（22）、訳書p.378］。

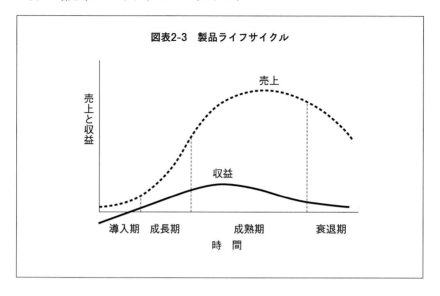

図表2-3 製品ライフサイクル

① 導入期：製品が導入され、売上げが緩やかに伸びる段階で、この段階では、製品の導入に伴う費用が大きいため収益はない。
② 成長期：製品が急速に市場に受け入れられ、収益も急速に増加する段階である。
③ 成熟期：製品がすでに潜在的な買い手のほとんどに受け入れられてしまったために、売上げの伸びが停滞する段階であり、競争が激化し、競争企業との対抗の為のマーケティング費用もかさむ為、収益も停滞する。
④ 衰退期：製品の売上げが急速に低下し、収益も減少する。

以上であるが、これを売上、顧客一人当たりのコスト、利益、顧客、競合他社の点からまとめると図表2-4のように示すことができる［参考文献(20)、p.303］。

図表2-4　製品ライフサイクルの特徴

特徴	(導入期)	(成長期)	(成熟期)	(衰退期)
(1) 売上	低い	急激な増加	ピーク	減少
(2) 顧客1人あたりのコスト	高い	平均的	低い	低い
(3) 利益	マイナス	増加	高い	減少
(4) 顧客	イノベーター	初期採用者	中間の多数派	遅滞者
(5) 競合他社	少ない	増加	安定から減少へ	減少

(出所) Phlip Kotler, Gary Armstrong, *Principle of Marketing* (*Thirteenth Edition*), Pearson, 2010, p.303を参照して著者作成。

　ライフサイクルの考え方は、新製品を受け入れる消費者への浸透の程度と深い関係を持っていることから、消費者の新製品採用プロセスに関する研究に対応している。新製品は、消費者によって受け入れられる時間が違い、図表2-4のように、導入期、成長期、成熟期、衰退期のそれぞれにおける中心的顧客を「イノベーター」「初期採用者」「中間の多数派」「遅滞者」に分けることができる。

　以上、製品ライフサイクルについて述べたが、製品にライフサイクルがあると考えられるならば、次の4点を認めることになる［参考文献 (22)、訳書 p.378］。

① 製品の寿命は限られている。
② 製品の売上げは4つの段階を経過し、各段階で売り手はさまざまな試練や機会や問題に直面する。
③ 収益は製品ライフサイクルの段階によって上昇したり下落する。
④ 製品ライフサイクルの各段階に対応したマーケティング、財務、製造、購買、人的資源の戦略が必要になる。

［２］　製品ライフサイクルとマーケティング戦略

　以上、製品ライフサイクルについて述べてきたが、それぞれの段階におけ

るマーケティング目的は、コトラーらによれば、①導入期：製品認知と促進、②成長期：市場シェアの最大化、③成熟期：市場シェアを守りつつ利益を最大化、④衰退期：支出の減少とブランドの収穫としている［参考文献(20)、p.303］が、その目的に向かってマーケティング戦略の策定が行なわれる。製品ライフサイクルの概念は、マーケティング戦略の結果であり、サイクルが戦略を規定するものではないなどの批判も存在する［参考文献(7)、p.137］が、段階別にマーケティング戦略を策定するということは有効であると考える。その際は、現状をきちんと考察した上で、マーケティングの活動領域である4P（製品、価格、流通、プロモーション）について考えることが必要である。

（注）
（1）　この考え方は猿渡（1999）に依拠したものであるが、猿渡は、計画化、組織化、統制の枠組をもって、マーケティング管理システムを構築した［参考文献（7）、pp.63-122］。

（参考・引用文献）
（1）　石井淳蔵、栗木契、嶋口充輝、余田拓郎『ゼミナール　マーケティング入門　第2版』、日本経済新聞出版社、2013年。
（2）　池尾恭一、青木幸弘、南知惠子、井上哲浩『マーケティング』、有斐閣、2010年。
（3）　井上崇通『新版　マーケティング戦略と診断』、同友館、2001年。
（4）　恩蔵直人『マーケティング』、日本経済新聞出版社、2004年。
（5）　久保田進彦、渋谷覚、須永努『はじめてのマーケティング』、有斐閣、2013年。
（6）　斉藤保昭『みんなのマーケティング入門』、日本監督士協会、2004年。
（7）　猿渡敏公『マーケティング論の基礎』、中央経済社、1999年。
（8）　澤内隆志編『マーケティングの原理―コンセプトとセンス』、中央経済社、2002年。
（9）　嶋口充輝、石井淳蔵『現代マーケティング（新版）』、有斐閣、1995年。
（10）　田村正紀『マーケティングの知識』、日本経済新聞社、1998年。

(11) 徳永豊『マーケティング戦略論』、同文館、1966年。
(12) 徳永豊「マーケティング環境と機会及び脅威の分析」『明大商学論叢』、第73巻第1号、1990年、pp.17-33。
(13) 徳永豊、江田三喜男、須賀庸夫編『現代マーケティング』、東京教学社、1985年。
(14) フィリップ・コトラー、ゲイリー・アームストロング、恩蔵直人著、ピアソン桐原編集『コトラー、アームストロング、恩蔵のマーケティング原理』、丸善出版、2014年。
(15) 三上富三郎『現代マーケティングの理論』、ダイヤモンド社、1974年。
(16) 山本晶『コア・テキスト マーケティング』、新世社、2012年。
(17) 和田充夫、日本マーケティング協会編『マーケティング用語辞典』、日本経済新聞社、2005年。
(18) Koontz. Harold.Cyril o'Donnell, *Principles of Managemennt—An Analysis of ManagerialFunction—*, Mcgraw-Hill, Inc., 1964. (H. クーンツ、C. オドンネル著、大坪檀訳『経営管理の原則1―経営管理と経営計画』、ダイヤモンド社、1965年)。
(19) Kotler. P. and Gary Armstrong, *Principles of Marketing* : Fourth Edition, Prentice-Hall, Inc. 1989. (フィリップ・コトラー、ゲイリー・アームストロング著、和田充夫、青井倫一訳『新版 マーケティング原理―戦略的行動の基本と実践』、ダイヤモンド社、1995年)。
(20) Kotler. P., and Gary Armstrong, *Principles of Marketing: Thirteenth Edition*, Peason Prentice Hall, 2010.
(21) Kotler. P., *Marketing Management: Analysis, planning Implementation, and Control (Ninth Edition)*, 1997.
(22) Kotler. P., *Marketing Management: Millennium Edition, Tenth Edition*, Prentice-Hall, Inc. 2000. (フィリップ・コトラー著、恩蔵直人監修、月谷真紀訳『コトラーのマーケティング・マネジメント ミレニアム版(第10版)』、ピアソン・エデュケーション、2001年)。
(23) Kotler. P., and Kevin Lane Keller, *Marketing Management: Twelfth Edition*, Peason Prentice Hall, 2006.

第3章　ソーシャル・マーケティングと戦略的マーケティングの展開

　第1章で述べたように、マーケティング・マネジメントの流れに変革をせまったのが、1970年代に登場したソーシャル・マーケティングであった。そして、1970年代になり、マーケティングの影響力は、著しく弱体化する一方で、戦略的計画が優勢となり、1980年代に、持続的競争優位が焦点となってきたことから戦略的マーケティングが登場した。

　本章において、ソーシャル・マーケティングと戦略的マーケティングについて論じることとする。

第1節　ソーシャル・マーケティング

　近年、新たなビジネスとして社会貢献と利益達成の両方を追求する事業であるソーシャルビジネスが注目されているが、マーケティングは、ソーシャルビジネスという言葉が生まれるずっと以前から、ソーシャル・マーケティングを通して、社会的課題と向き合ってきた［参考文献（8）、p.3］。では、ソーシャル・マーケティングとは、何であろうか。

　ソーシャル・マーケティング登場の契機となったのが、1969年に発表されたレイザー（Lazer）とコトラー（Kotler）らの2つの論文であった［参考文献（38）（39）］。レイザーは、企業利益重視のマーケティングからマーケティング概念を拡張し、マーケティングの社会的役割の拡大を提唱して、また、これまでのマーケティング行動には社会的配慮や対応が欠如していたことを反省しようとして、評価判定基準に社会的責任、社会的利益、社会的価値を導入していこうとするものであり、環境問題とマーケティングを主題とするものであり、いわば、社会的責任を重視したマーケティングということができる。一方、コトラーらは、マーケティング・マネジメントのテクニックやそ

れまで培われたマーケティング・コンセプトを企業だけでなく、企業以外の組織である教会、大学、病院、博物館、慈善団体、政府機関などの非営利組織や個人などにも導入していこうとする考え方であり、マーケティングの主体の拡張を主題とするものであり、主に非営利組織のマーケティングをその内容としている。このようにソーシャル・マーケティングには、2つの考え方がある。この2つの考え方を整理してハント（Hunt）は、マーケティング研究に対するすべてのアプローチおよび一般にマーケティングの領域に含まれると考えられる全ての論題を、営利セクター・非営利セクター、実証的・規範的、およびミクロ・マクロの3つの範疇二分法を用いることによって分類することが可能であるとし、分類図式を示した［参考文献（36）、訳書pp.8-19］。では、この2つの考え方について述べることとする。

［1］ 社会的責任を重視したマーケティング

ここでは、レイザー（Lazer）流のソーシャル・マーケティングである社会的責任を重視したマーケティングについて論じることとする。

先述したように、レイザーは、環境問題とマーケティングを主題として、ソーシャル・マーケティングを展開していったのであるが、彼は、ソーシャル・マーケティングを「1960年代のマネジリアル・マーケティング論を補うものであり、社会心理学、社会人類学のような科学の発展に等しく、2種類の観点からなる混成論である。すなわち、一方の観点は、そのアプローチ、概念、モデル、ツールのすべてについてマーケティングの見地からのものであり、他方においては、社会のその根源、人間集団、社会問題、貧困、都市の衰弱化、選択の適正化をともなった社会的見地からのものである」と述べ［参考文献（29）、p.70］、ソーシャル・マーケティングへの提案として、次のようなものが存在していると述べている［参考文献（29）、pp.83-84］。

① マーケティングの目的は、短期的な経済条件と同様に、長期的な社会条件の中で定義されなければならない。

② 社会の目的は、全社会的福祉の追求と、それにかかわる企業の福祉追求姿勢に求められる。
③ 市民としての消費者は、個人的欲求と必要だけでなく、社会の欲求と必要の達成にも関心を持っている。このような必要性は、環境要件により規定される。
④ 製品は、経済的なものとしてでなく、社会的なものとしても定義づけられなければならない。
⑤ 費用と利益は、経済的条件だけでなく、社会的条件の下でも考えられなければならない。
⑥ 望ましい社会的優先権は、個々の企業とマーケティング意思決定者との両方に存在すると仮定される。
⑦ 政府は、ソーシャル・マーケティングの中で、重要な役割を持っている。
⑧ トータル・マーケティング・ミックスとその成分は、経済条件と同様に、社会条件の中で評価されなければならない。
⑨ 矛盾は社会のいろいろな集団の目的と願望の間に存在するため、マーケティング基盤と同様に、社会条件の中で評価されねばならない。
⑩ 企業のマーケティングの意思決定とプログラムは、経済的基盤と同様に、社会基盤から監査されるべきである。
⑪ 現実的な経済の目的が実現されなければ、社会の目的はマーケティングによって達成されることができない。

さらに、レイザーらは、「ソーシャル・マーケティングは、マーケティングのインパクトを生活の質、地域社会の出来事、社会的な問題、人間の資源をフルに発展させる機会、健康維持、教育と訓練、公害の減少と環境保護、仲間により多くの考慮を払うことなどに強く向けられるのである」と述べている［参考文献（30）、p.231］が、これは、公害の減少と環境保護をソーシャル・マーケティングの課題の1つに入れることで後に誕生する環境マーケテ

ィング、グリーン・マーケティングのコンセプトを提示したのである［参考文献（6）、p.34］。

　また、日本において、初期のソーシャル・マーケティング研究の第一人者であった三上富三郎は、レイザーの考えに近い立場から「ソーシャル・マーケティングとは、利益を得て消費者の満足を提供するといった在来のマーケティングから、非消費者を含む生活者（消費者・市民）の利益、さらには社会全体の利益と調和し、また、資源・エネルギー・生態系といった環境との間の調和まで達成しながら、企業としての適正な利潤を確保すべきマーケティングである」と定義している［参考文献（24）、p.206］。このような主張はソーシャル・マーケティングとして、定着していった。さらに、三上は、マーケティングの果たして来た役割やメリットは否定できないものとし、このプラスであったはずのマーケティングが、反面で環境破壊の原因の1つであったことは否定できないとし、その反省と見直しの上に立って環境保全を重視し、最優先させるマーケティングを環境マーケティングと称し、環境システム、関連システムおよび企業内システムの3つのサブシステムをもつ環境マーケティング・システムの体系を提供した［参考文献（25）、pp.90-91］。

　2000年以降企業が社会の一員として存続するために、社会的公正さや環境への配慮を活動のプロセスに組み込む責任を指すCSR（Corporate Social Responsibility）の論議の高まりを見せている。谷本寛治は、「CSRとは、企業活動のプロセスに社会的公正性や倫理性、環境への配慮などを組み込み、ステークホルダー：株主、従業員、顧客、環境、コミュニティなどに対しアカウンタビリティを果たしていくことである。その結果、市場社会から支持、信頼を得て、経済的・社会的・環境的パフォーマンスの向上につながっていくことが期待される」と述べている［参考文献（16）、p.4］が、このような論議が新たなソーシャル・マーケティングの課題となった。そして、さらに、「社会的問題の解決のための企業がもっているマーケティングの力を生かし、売り上げやブランドの向上も同時に目指す手法」［参考文献（17）、p.217］であるコーズ・リレーテッド・マーケティング（Cause Related

Marketing）へと広がっていった。

［２］ 非営利組織のマーケティング

　ここでは、コトラーらが主張した非営利組織のマーケティングについて論じることとする。前述したように、非営利組織のマーケティングが新たなマーケティングの領域となる契機となったのが、コトラーらの概念拡張論の論稿であったが、彼らによれば、マーケティングは、歯磨き、石鹸や鉄鋼を売るということをはるかに超えた広範な社会活動であり、マーケティングに関わる人々は、マーケティングの考えを拡大し、マーケティングの技術を社会に適用する大きな機会であるとし、あらゆる組織は、財務、生産、人事、購買という伝統的なビジネス機能を遂行しているが、マーケティング機能を考える時、マーケティングのような活動を遂行していることは明らかであると述べ、彼らは、このような組織のすべては、ある「消費者」の目からみた「製品」に関わり、「消費者」に「製品」をよりよく受容してもらうための「ツール」を探索していると述べ、非営利組織にまでその主体が拡張されていった［参考文献（38）］。以上が、彼等の主張であったが、そこで重要な意味を持ったのは、モノつまり製品の概念拡張であった。では、非営利組織のマーケティングとは何かについて述べることとする。

　小島廣光は、非営利組織について「ボランティアを含む組織成員が利潤追求を目的とするのではなく、社会に対してサービスを提供する組織である。その活動資金は、利他主義の立場から拠出される寄付金や会費等に主に依存している」と述べ、職業団体や労働団体も含め、「非営利組織」と「民間非営利組織」とを同義語とした［参考文献（7）p.5］。島田恒は、非営利組織を「１．公益に適う独自のミッションを掲げるもの、２．民間の働き、３．利益配分をしないもの」と定義した［参考文献（14）p.32］。田尾雅夫らは、非営利組織を、「営利を主目的にしない民間の組織」と定義し［参考文献（15）p.4］、非営利組織には、日本の法人制度でいえば、民法の一般法にもとづく一般社団、一般財団、そのうち公益法人認定法により認定を受けた公益法

人、民法の特別法である社会福祉法による社会福祉法人、私立学校法による学校法人、宗教法人法による宗教法人、更生保護事業法による更正保護法人、特定非営利活動促進法による特定非営利活動法人（NPO法人）などがあり、また、公益追求を目的としないものの、営利を目的としないということでは、協同組合や共済組合などの中間的な法人も含めることができるとして位置づけている［参考文献 (15)、p.7］。以上、非営利組織とは、何かについて述べてきたが、本書では田尾雅夫らの定義を採用し、非営利組織のマーケティングを「営利を主目的にしない民間の組織」を主体としたマーケティングと考える。

　非営利組織において「ミッション」という概念が重要と考える。ドラッカーによれば、非営利組織とは一人ひとりの人と社会を変える存在であり、考えるべきは、いかなるミッションが有効でいかなるミッションが無効であるかであり、ミッションは何かであり、ミッションの価値は文章の美しさにあるのではなく、正しい行動をもたらすことにあり、非営利組織には、機会、卓越性、コミットメントの三本の柱が不可欠であり、ミッションには、これら三つの要素を折り込まなければならないとし、非営利組織においてミッションの重要性を指摘した［参考文献 (35)、訳書pp.2-8］。また、島田恒も非営利の組織の原点は、それが独自に掲げるミッションにあるとしている［参考文献 (14) p.IV］。概念拡張論において重要な意味を持ったのは、モノつまり製品の概念拡張であったと述べたが、非営利組織においての製品は、例えば大学であれば教育であったり、警察であれば安全であったりとある意味でミッションと考えることができる。

第2節　戦略的マーケティング

　第2章で、マーケティング・マネジメントについて述べたが、そこでの主要なテーマは、標的市場の選定とマーケティング・ミックスの策定であった。これらがまさに従来のマーケティング戦略であった。1970年代中頃から、マーケティングの領域において従来のマーケティング戦略にとどまら

ず、その内容が大きく拡大された戦略的マーケティングが登場してきた。

［1］ 戦略的マーケティングとは

戦略的マーケティングについて、嶋口充輝らは、戦略的マーケティングを市場問題を中心に組織的立場から戦略的方向付けと経営資源配分を計画する試みとしてとらえ、さらに「このような戦略的マーケティングの役割からすれば、従来のマーケティング・マネジメント戦略の流れや努力は、いまや戦略的マーケティングに統合・吸収され、調整・秩序づけられていくことになる」と述べている［参考文献（12）、pp.40-41］。

戦略的マーケティングとマーケティング戦略の違いを戦略レベルに求めることができる。通常、企業の戦略レベルとしては、企業戦略と事業戦略と機能分野別戦略の3つのレベルが存在する。それぞれの内容は、次の通りである。

（1） 企業戦略

経営戦略の階層構造の中で最も上位に位置し、企業が全体として将来的に継続して利益を獲得し、存続・成長していくという目的を持った全社的レベルの戦略であり、その主たる内容として、企業が活動すべき事業領域を選択すること、また活動を通じて獲得すべき経営諸資源（ヒト、モノ、カネ、および情報）を明確にすることである。

（2） 事業戦略

事業部あるいは戦略的事業単位（Strategic Business Unit：SBU）が担当している事業、すなわち、特定の産業ないし市場分野でいかに競争するかということが焦点となり、競争企業との対抗関係が最も重要な問題となっている。そこで、一般に競争戦略と呼ばれている。

（3） 機能分野別戦略

企業は、それぞれの機能においてさまざまな目的を持っている。機能分野

別戦略の主たる内容としては、機能別の経営諸資源の利用ないし蓄積の方法と、その資源を企業戦略および事業別戦略に結びつける方法である。企業の購買・技術・製造・販売・経理財務・人事といった諸機能分野別の戦略である。伝統的なマーケティング・マネジメントでのマーケティング戦略は、このレベルの戦略だと言われている［参考文献（11）、p.66］。

戦略的マーケティングは、市場を軸とした経営戦略論であり、企業戦略ならびに事業戦略という経営戦略論の課題が、マーケティングの課題として包含されたものと言える。

［2］ 戦略的マーケティングの内容

戦略的マーケティングは企業戦略や戦略市場計画とほぼ同様の内容を有し、企業全体の目標を達成するために環境に適応する行動指針を示すものであり、事業の定義、成長戦略の策定、ポートフォリオ計画などがこれに含まれる［参考文献（31）、p.100］。

（1） 事業の定義

これは、戦略策定の出発点となるもので、自社の事業展開の範囲をどのように定義するかということであり、その定義によって競争の基本方針が変わり、マーケティング戦略の策定に際し、重要である。エーベル（Abell）によれば「顧客層」「顧客機能」「代替技術」の3次元で事業を定義できるとして、事業定義のための3次元の図を示した［参考文献（33）、訳書p.37］。つまり、「どのような顧客」（顧客層）の「どのようなニーズ」（顧客機能）に向けて「どのような技術」（代替技術）で製品を提供するのかということである。

（2） 成長戦略

規模を拡大し、成長を前提とした成長戦略の代表的なものにアンゾフ（Ansoff）の「成長ベクトルの構成要素」がある。成長ベクトルというのは、現在の製品―市場分野との関連において、企業がどんな方向に進んでいるか

を示すものである［参考文献（34）、訳書、p.136］。一般的には、製品・市場マトリクスと呼ばれることもあり、製品と市場の組み合わせで「市場浸透戦略」、「新製品開発戦略」、「市場拡大戦略」、「多角化戦略」という「4つの戦略が示されている。

① 市場浸透戦略

既存市場と既存製品の組み合わせで、これは、既存の市場に対して既存の製品をさらに浸透させることにより成長を図ろうとするものである。

② 新製品開発戦略

新製品と既存市場の組み合わせで、これは、既存市場に対して新製品を導入することにより成長を図ろうとするものである。

③ 市場拡大戦略

既存製品と新市場を組み合わせたもので、これは、新市場に対して既存製品を投入することにより成長を図ろうとするものである。

④ 多角化戦略

新製品と新市場を組み合わせたもので、これは、新製品によって新市場を開拓することにより成長を図ろうとするものである。

（3） 製品ポートフォリオ・マネジメント

1960年代に米ボストンコンサルティンググループが開発したもので、アベグレンらが、「あらゆる企業は多かれ少なかれ、資金的制約を受けている。また、ほとんどの企業は各種各様の製品ラインを保有している。このような場合、はたしてどのような基準に則して、限定された資金を各製品ラインに配分するのが妥当であろうか。プロダクト・ポートフォリオは企業の長期的資金配分を決定するための有効な理論武器であると同時に、それはすぐれて実践的な、経営戦略のための理論でもある」と述べている［参考文献（1）、p.69］ように、多角化した企業全体を、市場成長率の高低と相対的市場シェア（最大の競争相手の市場シェアと自社のそれとの比率で表す）の高低の二次元で製

品や戦略事業単位（strategic business unit）をマトリクス上に表現して全社的な視点から資金の集中と選択的投資を判断したものであり、それを説明すると次のようになる［参考文献（1）］。現金の流出入は、市場の成長率と競争相手との相対的市場シェアとの関数として表すことができるとし、相対的市場シェアが高い反面、市場成長率の低いものを「金のなる木」、市場成長率が高く、相対的市場シェアが高いものを「花形」、市場成長率も低く、相対的市場シェアも低いものを「負け犬」、市場成長率が高く、相対的市場シェアの低いものを「問題児」と呼ぶ。金のなる木で生んだ資金を問題児に投入し、これを花形に育て、次に金のなる木とすることをめざす、さらに負け犬から少しでも多くの資金を得てから撤退するようにする。最終的に資金創出源である「金のなる木」にならない限り、企業に対して資金的に貢献することにはならないのである。そして、製品または事業のポートフォリオに成功した企業のみが安定した成長を約束させるのである。

（参考・引用文献）

（1）　アベグレン、ボストン・コンサルティング・グループ編『【再挑戦への挑戦】ポートフォリオ戦略』、プレジデント社、1977年。
（2）　石井淳蔵、廣田章光編『1からのマーケティング』、碩学舎、2009年。
（3）　池尾恭一、青木幸弘、南知惠子、井上哲浩『マーケティング』、有斐閣、2010年。
（4）　池尾恭一編『マーケティングジャーナル』、第34巻第1号、日本マーケティング学会、2014年。
（5）　上沼克徳「非営利マーケティング論の視座と意義」、マーケティング史研究会編『マーケティング研究の展開』、同文館出版、2010年、pp.199-219。
（6）　大橋照枝『環境マーケティング戦略』、東洋経済新報社、1994年。
（7）　小島廣光『非営利組織の経営』、北海道大学図書刊行会、1998年。
（8）　小林哲「マーケティングの原点としての社会性」、池尾恭一編『マーケティングジャーナル』、第34巻第1号、日本マーケティング学会、2014年、pp.2-4。
（9）　斉藤保昭、夷石多賀子『最新　現代マーケティング全集—新しい潮流／

諸問題と関連法規6』、2001年。
(10) 斉藤保昭『みんなのマーケティング入門』、日本監督士協会、2004年。
(11) 猿渡敏公『マーケティング論の基礎』、中央経済社、1999年。
(12) 嶋口充輝、石井淳蔵『現代マーケティング（新版）』、有斐閣、1995年。
(13) 嶋口充輝『戦略的マーケティングの論理』、誠文堂新光社、1984年。
(14) 島田恒『［新版］非営利組織のマネジメント』、東洋経済新報社、2009年。
(15) 田尾雅夫、吉田忠彦『非営利組織論』、有斐閣、2009年。
(16) 谷本寛治「CSRと市場社会のコミュニケーション」『青山マネジメントレビュー』、Vol17、2005年、pp.4-13。
(17) 谷本寛治『CSR―企業と社会を考える』、NTT出版、2006年。
(18) 土屋守章責任編集『現代の企業戦略』、有斐閣、1983年。
(19) 土屋守章『企業と戦略』、日本リクルート出版、1984年。
(20) 中橋國蔵、柴田伍一編『経営戦略・組織辞典』、東京経済情報出版、2001年。
(21) 日本商業学会編『流通研究』、第16巻第3号、2014年。
(22) 西尾チヅル『エコロジカル・マーケティングの構図』、有斐閣、1999年。
(23) 藤芳誠一監修『最新経営学用語辞典』、学文社、1998年。
(24) 三上富三郎『ソーシャル・マーケティング』、同文館出版、1982年。
(25) 三上富三郎『共生の経営診断』、同友館、1994年。
(26) 村田昭治編『ソーシャル・マーケティングの構図』、税務経理協会、1976年。
(27) 村松潤一『戦略的マーケティングの新展開（第二版）』、同文館、2002年。
(28) 村松潤一『コーポレート・マーケティング』、同文館出版、2009年。
(29) レイザー「ソーシャル・マーケティングの次元を求めて」村田昭治編『現代マーケティング論』、有斐閣、1973年、pp.69-84。
(30) レイザー、ラバーベラ「特別寄稿　ソーシャル・マーケティング―その理論と実際―」、村田昭治編『ソーシャル・マーケティングの構図』、税務経理協会、1976年、pp.230-254。
(31) 和田充夫、日本マーケティング協会編『マーケティング用語辞典』、日本経済新聞社、2005年。
(32) 和田充夫、恩藏直人、三浦俊彦『マーケティング戦略（第4版）』、有斐

閣、2012年。
(33) Abell. Derek F., *Defining the Business, The Starting Point of Starategic Planning*, Prentice-Hall, Inc., 1980.（エーベル著、石井淳蔵訳『事業の定義―戦略計画策定の出発点』、千倉書房、1984年）。
(34) Ansoff. H. Igor, *Corporate Strategy*, McGraw-Hill, Inc., 1965.（アンゾフ著、広田寿亮訳『企業戦略論』、産業能率短期大学出版部、1969年）。
(35) Drucker. P. F., *Managing the Nonprofit Organization*, harpercollins publishers, 1990.（P. F.ドラッカー、上田惇生訳『非営利組織の経営』、ダイヤモンド社、2007年）。
(36) Hunt, S. D., *Marketing Theory: Conceptual Foundations of Research in Marketing*, Grid inc., 1976.（阿部周造訳『S・D・ハント　マーケティング理論―マーケティング研究の概念的基礎』、千倉書房、1979年）。
(37) Kotler. P., *Marketing Management: Millennium Edition, Tenth Edition*, Prentice-Hall, Inc. 2000. フィリップ・コトラー著、恩蔵直人監修、月谷真紀訳『コトラーのマーケティング・マネジメント　ミレニアム版（第10版）』、ピアソン・エデュケーション、2001年）。
(38) Kotler, Philip and Sidney J. Levy, "Broading the Concept of Marketing," *Jounal of Marketing*, Vol.33, No3, 1969, pp.10-15.
(39) Lazer, W., "Marketing's Changing Social Relationships," *Journal of Marketing*, Vol.33, No.3, 1969, pp. 3-9.

第4章 関係性マーケティング

第1節 関係性マーケティングの登場

　近年、特に1980年代後半頃から、ワン・トゥ・ワン・マーケティング、インタラクティブ・マーケティング、マキシ・マーケティング、アフター・マーケティング、データベース・マーケティングなど、関係性（Relationship）をめぐる論議が、国内外のマーケティングの文献で数多く論じられるようになってきている。すなわち、関係性マーケティング（Relationship Marketing）の出現である。関係性マーケティングの概念がいつ現れたかであるが、さまざまな議論を検討してみると、J. アーント（J. Arndt）が先駆的な役割を果たした1人に挙げられる［参考文献（5）(10)］。周知のように、彼は、従来のマーケティング論が措定した市場モデルとは、まったく異なった新たな現象に対して独自の概念である「飼育された市場」（Domesticated markets）概念を付与し、新たな研究領域の出現を示唆した[注1]。すなわち、彼は、これまでのマーケティングの変遷をたどってみて、マーケティングのモデルを3つに分け、伝統的モデル（Traditional marketing model）、ダイアディックモデル（Dyadic model）、飼育された市場のモデル（Domesticated markets model）とし、図表4-1のように示したのである［参考文献（19）、p.72）］。図表からもわかるように、伝統的マーケティングモデルは刺激・反応の観点から捉えようとするモデルであり、マーケティングというものを、マーケティング担当者がマーケティング・ミックスのあらゆる要素を調整することによって利益を得られるように消費者の欲求を充足させるというものである。また、ダイアディックモデルは、売り手と買い手との取引関係に焦点が置かれ、相互依存性、相互作

用、互恵性などの交換関係が強調され、短期的にすぎないとされたのである。これに対して、飼育された市場モデルは、長期関係性を特徴とする全ての市場を主な適用領域とし、売り手と買い手だけでなく取引に参加するあらゆる関係者が分析の対象となるのである。また、管理手順のデザイン、交渉、政治力、コンフリクトの解決、パワー関係といった側面が強調され、その分析には、政治学、社会学、社会心理学、組織理論などの理論が必要である。

金顕哲は、J. アーントの飼育された市場論について、「現象の観察に基づいてマーケティング研究の新しい方向を示す点に留まっていたが、いくつかの点で重要な示唆を与えている」と述べている［参考文献（5）、p.53］。以下に、それらの点を解説する。

① マーケティングは経済的現象であり、また政治的現象でもある点

マーケティングは境界機能を果たし、マーケターは境界者として外部との交渉に臨みながら、内部からも承認を獲得しなければならない立場にあるため、マーケティング活動にはいつも緊張と対立が発生し、これらに対し政治的解決が求められるのである。

② ネットワーク化が進んでいる点

外部市場を内部化することで、逆に企業の内部が分権化され、分権化組織間に市場関係が生まれるため、企業の境界はますます曖昧になり、ネットワーク化が進むのである。

③ 組織間関係管理がますます重要になる点

マーケターは市場関係を管理する立場にあるため、ほかの企業との協力関係を開発し、維持・発展させる立場にあり、組織間関係の過程は、相手の発見と評価、交渉、対立管理、関係の解消局面に分かれるのである。

図表4-1 伝統的モデル、ダイアディックモデル、飼育された市場のモデルの比較

特色	伝統的モデル	ダイアディックモデル	飼育された市場のモデル
主な適用領域	消費者市場	競争的生産者、再販売者および政府	長期的関係性を特徴とするすべての市場
分析単位	行為者 (売り手または買い手)	ダイアド (売り手と買い手との関係性)	システム (交渉する個人と構成員との関係性)
時間的背景	短期	短期	長期
構造	売り手→買い手	売り手←→買い手	交渉す←→交渉す る個人　　る個人 ↑　　　　↑ 構成員　　構成員
説明メカニズム	刺激・反応	互恵作用	拘束された互恵作用 (長期的なコミットメントの下での)
強調されるマーケティングの手段	4P	駆け引きと交渉	管理手順のデザイン交渉、政治力、コンフリクトの解決
最も関連の深い他の学問分野	経済学、心理学、特に動機づけ、知覚、学習	社会心理学	政治学、社会学、社会心理学、組織理論

(出所) Arndt. J., "Toward a Concept of Domesticated Markets," *Journal of Marketing*, Vol.43, 1979, p.72を著者訳。

　以上が、J. アーントによる議論であったが、また嶋口充輝らは、価値の取引モード（様式）は、その取引を取り巻く環境の状況によって、刺激―反応パラダイム、交換パラダイム、関係性パラダイムの3つのパラダイムとして認識できるとしたが、それらの3つのパラダイムは、どれが正しいという性格のものではなく、ある場合は刺激―反応パラダイム、また、ある場合は交換パラダイムというように、その取引を取り巻く環境状況によって妥当性が高いか否かとして捉える認識枠組みだといえるが、現代マーケティング環境は、大きな流れとしては、刺激―反応型から交換型に、さらに交換型から関係型へと次第にシフトしつつあると主張した。この3つのパラダイムを説

明すると次のようになる［参考文献（12）、pp.8-16］。

① 刺激―反応パラダイム

このパラダイムをまとめると取引は一方的で、売り手中心で統制志向であり、買い手は反応者であり、短期的な視点でプロモーションが中心課題である。

つまり、取引を売り手が自ら信ずる価値物に販売刺激を与えて、そこから引き出す方法として考えるのである。しかし、その基本思想は、買い手が求める価値以前に売り手が信ずる価値を説得するというかたちを取るために、売り手中心の統制志向になる。売り手の方が買い手に比べ、はるかに情報知識を多く有している業界ではこのパラダイムが妥当である。しかし、売り手中心の政策は、買い手の満足を継続的に保証するとは限らず、事業による取引というものが継続性を重視すると考えれば、このパラダイムの下の偶然的結果によって買い手の満足が得られるという認識はやや不都合である。

② 交換パラダイム

このパラダイムをまとめると取引は、双方向で買い手中心で適応志向であり、買い手は価値の保持者であり、短・中期的な視点でマーケティング・ミックスが中心課題となる。

つまり、売り手と買い手とが、共に自由意志に基づいて相互同意型の交換を行なっていく取引スタイルに対する見方であり、個別企業のマーケティング問題は、売り手の立場から買い手の価値と満足を高めながら交換を円滑に促進し、そのことによって自らの目標（価値）を達成していこうとする活動となり、売り手が買い手の価値（ニーズ）を常にとらえるときには、取引の継続性という視点から売り手が買い手の価値を次から次へと常に発見し続けるという1つの重要な前提を含んでいるが、多くの先進経済の中ではかなり難しく、交換が取引の基本ではあるが、現実のビジネス世界におけるリアリティの面では不十分であり、経済合理的な交換のみで取引活動を見る交換パラダイムに代わる別のパラダイムの可能性が生まれるのである。

③ 関係性パラダイム

このパラダイムをまとめると取引は一体的で両者中心であり、共創という考え方があり、買い手はパートナーであり、長期的な視点で関係マネジメントが中心課題となる。

つまり、交換を基軸としながらも、取引を売り手と買い手が一体化した関係パートナーだとしてとらえ、協働しながらも、ともに新しい価値を作り上げていこうとする認識枠組みである。

以上、J. アーント、嶋口らの主張を概観してきたのであるが、それらの内容について検討してみると、個々の取引よりも、むしろ長期関係性（long-term relationship）に焦点が向けられるようになってきていることが理解できるのである。このようにマーケティングにおける関係性を重視する考え方が、1990年代以降、新たなパラダイムとして注目されてきたが、それ以前に、これまでそれに類する指摘がマーケティング関連文献の中でなされてこなかったというわけではなく、とりわけ顧客との日常的かつ密接な接触を基礎に置くサービス・マーケティングやインダストリアル・マーケティングの分野においてそうした傾向が顕著であり、そこにその後の関係性マーケティング研究の展開のいわば源流を認めることができるのである。［参考文献(18)、p.71］

第2節 関係性マーケティングの概念

［1］ 関係性マーケティングの定義

関係性マーケティングは、1980年代初頭に、L. ベリー（L. Berry）によっていち早く取り上げられ、「顧客を引きつけ、維持し、そして多方面のサービス組織において高めること」と定義された［参考文献(20)、pp.25-28］。1990年代に入ってから本格的な取り組みがなされるようになってきたのである。

関係性マーケティングについて、R. モーガン（R. M. Morgan）と S. ハント（S. D. Hunt）は、「成功的な関係的交換の構築、展開、維持を目指すあらゆるマーケティング活動」であると定義し［参考文献（23）、p.22］、また AMA（米国マーケティング）は「関係性マーケティングとは、マーケティング環境として位置づけられる顧客、流通業者、供給業者あるいはその他の当事者との間に、長期的な関係と信頼関係あるいはそのいずれか一方を意識的に開発し、管理しようとするマーケティングである」と定義した［参考文献（21）、p.242］。これ等の定義からわかるように、関係性マーケティングは、"長期的・継続的取引（＝関係性）の強調"という点にその特徴がある。ただし、関係性マーケティングという考え方は、決して目新しいものではなく、従来のマーケティング・コンセプトの中にも存在していたのである［参考文献（6）、pp.191-192;（24）、pp.26-31.］。つまり、以前からマーケティングとは、顧客と良好な関係を形成し維持する活動としてとらえられており、この活動を通じて企業の継続的な成長を確保しようとするものだという考え方が強調されてきたのである。

［2］ 関係性の性格

このように関係性マーケティングは顧客との関係を重視する。しかし、いままでの関係性マーケティングに対する論議では、関係と関係性を区別することなく議論されてきたことから、関係や関係性などの諸概念が正確に定義されていないことにも一因があり、通常科学としての理論的フレームワークを完成したわけではない。

嶋口充輝は、「関係性の概念は古くから商業の中で強調されてきた。そこでは関係性が長期的志向性、信頼性、連体制、依存性などと同義に使われ、良い取引関係ができれば取引当事者双方にとって高い価値創造やメリットにつながると考えられてきた。しかし、大量生産処理のためのマス・マーケットを狙う合理的、標準的なマス・マーケティングが中心となり、個別対応の人間くさい関係性概念は次第に影が薄くなっていく。ところが、今日、その

合理的、標準的なマス・マーケティングの有効性が減じ、いくつかの限界が露呈しはじめたことで、再び新しい装いの下での商業的な関係性概念が注目を浴びるようになったのである」と述べ、関係性という言葉には無味乾燥・無色透明な関係とは異なる精神面や能力面が不可されているとし、「関係性とは、価値ある良き信頼関係をいかに継続、強化、発展させて事業の将来価値をつくるかという絆の力なのである」と述べている［参考文献（13）、p.108］。

また、金顕哲は、関係と関係性について、次のように述べている［参考文献（7）、pp.259-283］。まず、彼は、マーケティングは単なる交換に関する学問というより、出会いや対話、関係の場に関する学問であり、場は事前的（ex ante）に設けられる場所ではなく、人々が出会うことではじめて発生する事後的（ex post）空間であるとした。また場は関係の集積で、関係は出会いの連続的状態であり、関係にはさまざまなタイプがあり、善の関係も悪の関係も、競争の関係も協調の関係も、経済的関係も人間的関係もあるため、関係の集積としての場もさまざまな性格を持ち、また関係の変化によって場も変わっていき、場が発展すれば崩壊してしまう場合もあることから、場が維持・発展するためには、場の中で一定の統一性や連帯感が必要である。そして場の中で、個々の関係から信頼や連帯感のような共同の規範が生まれ、これがまた個々の関係を調整することで、結局、場は信頼や連帯感のようなマクロ的秩序によって維持・発展できる。またそれらがなくなったときには場が崩壊してしまうように関係を強化し、場を維持させるマクロ的秩序を関係性（relationship）というとした。そして、関係性とは場を維持・発展させる精神的媒体であるとしているのである。このように関係には良い関係や悪い関係のようにさまざまなタイプが存在し、この概念自体は中立的な概念であり、関係性はマクロ的秩序としての場の維持や発展に貢献するポジティブな概念である。

つまり、嶋口と金の主張から、関係性という言葉には、精神面が付加されているといえるのである。

第3節　関係性マーケティングの重要性

　嶋口充輝は、そのデータの根拠や正確性を追認する方法を持たないとしながらも関係性マーケティングの重要性について、図表4-2のように示した。そこから最大公約数的な発見として「マーケティングの成果向上のためには、現在顧客との長期継続的な関係を強固に築き、それらの顧客との間にさらに高い満足と深い信頼に基づく関係を作り上げれば、高い成果が期待できる」という命題を導いた［参考文献（13）、p.107］。

図表4-2　関係性マーケティングの重要性を示す事例

① 顧客維持率が5％上昇すれば、1契約当たりのコストが18％低減し、収益は5年間で60％増大する。
（米国クレジット会社MBNA社のケース）

② 新規顧客獲得には、既存顧客にサービスする分の5倍の経費が掛かる。
（米国のカスタマー・サービス協会フォーラムより）

③ 平均的な会社のビジネスの65％は、満足した既存顧客からもたらされる。
（アメリカ経営者協会）

④ サービス業で顧客ロイヤリティが5％上昇すれば、利益は25％から85％増加する。

⑤ 米国ゼロックスでは、年間48万人の顧客を対象に5点尺度の満足調査を実施しているが、「非常に満足（5点）」「満足（4点）」に比べて、6倍の再購買になっている。

⑥ ある日本の産業機器メーカーの営業拠点に対する調査で、販売後のフォローアップを最も積極的に行なっている拠点は、最も消極的なところに比べて、全獲得顧客に占める既存客からの紹介案件数で7〜10倍の開きがあった。

（出所）　嶋口充輝『柔らかいマーケティングの論理』、ダイヤモンド社、1997年、pp.106-108.より著者作成。

　ところで、このような関係性に早くから注目したT.レビット（T. Levitt）

は、売り手と買い手との関係を結婚に例え、「販売の成立ということは、単に求婚行為が完了したということであって、その時点から結婚生活が始まるのである。結婚生活がうまくいくかどうかは、売り手が買い手との関係をどのように上手に工夫していくかによって決まる」と述べ、売り手―買い手関係の重要性を強調しているのであるが、これは、まさに販売の完了はリレーションシップの開始を意味している［参考文献（22）、訳書p.4］。さらに、レビットは、「関係管理が正しく行なわれなかったら、関係は崩れていくものだ。というのは、売り手も買い手も、互いに相手の立場で考えるよりも、自分の立場から相手を見ようとする傾向があるからである。結婚だろうとビジネスだろうと、両当事者の関係がたどる自然な傾向は、慣れるにつれて感受性と心配りが崩れることである。売り手が自分の立場だけで考えると、顧客対策についても鈍感になり、拱手傍観してしまう。せいぜい、本当の交流の代わりに形式的な儀礼行為でお茶を濁すことになる」と述べ、売り手と買い手の関係を管理しなければならないとし、関係管理の必要性について述べている［参考文献（22）、訳書p.8］。

第4節　関係性マーケティングの範囲と対象分野

［1］　関係性の範囲

　R. モーガン（R. M. Morgan）とS. ハント（S. D. Hunt）は、関係性マーケティングを理解するためには、事前同意がなく、短期間維持され、取引達成後すぐ関係が終わってしまう離散的取引（discrete transaction）と、事前同意に基づき、その持続時間も長く進行するプロセスを重視する関係的交換（relational exchange）との差異を区別しなければならないとした。そして、関係性マーケティングにおける関係的交換において市場の対象領域を4つのパートナーシップ部門に分け、さらに、対象者を10の対象者に分け、図表4-3のように、これらの対象者との関係的交換を行なっていくことを指摘してい

るのである。これらを簡単にまとめると図表4-4となる［参考文献（23）、pp.20-38］。

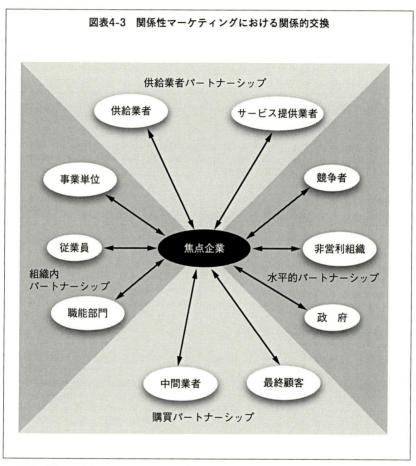

図表4-3　関係性マーケティングにおける関係的交換

(出所)　Morgan, Robert M. and S. D. Hunt, "The Commitment-Trust Theory of Relationship Marketing," *Journal of Marketing*, Vol.58 No.3, 1994, p.21.を参照して著者作成。

図表4-4

対象領域	対象者
供給業者パートナーシップ	①供給業者　②サービス提供業者
水平的パートナーシップ	③競争者　④非営利組織　⑤政府
購買パートナーシップ	⑥最終顧客　⑦中間業者
組織内パートナーシップ	⑧職能部門　⑨従業員　⑩事業単位

［2］ 関係性マーケティングの対象分野

　関係性マーケティングは、今やチャネル論だけではなく、インダストリアル・マーケティングやサービス・マーケティングのあらゆる分野に広がっている。

　嶋口充輝は関係性マーケティングの対象分野について、「これまでの研究では、関係性マーケティングが大きな意味を持つ分野は、産業財分野、サービス財分野、消費財、流通チャネル分野のいかんにかかわらず、関係性の基本要件は"問いかけ可能性（addressability）"だとする。問いかけ可能性とは、関係性を構築しようとする相手（パートナー）の名前や住所（所在）が直接（ダイレクト）に明確に把握でき、個別対応できる可能性を指す。具体的には、顧客リストとしてデータベース化されることである。産業財、サービス財、流通チャネルの分野では従来から高い問いかけ可能性が存在したが、消費財分野でも近年は顧客データベース化や会員化が多様な方法で進みつつあり、関係性マーケティングの可能性がいっそう高まっている。そのような意味で、データベース・マーケティング、ダイレクト・マーケティングと関係性マーケティングは、その強調の置き方と主要対象分野において微妙な差異を持つものの、基本的には同じ土俵上の問題としてとらえることができる」と述べている［参考文献（13）、p.110］。特に、現在、消費財分野での研究が進展している。2000年以降に関係性マーケティングを体現するものとしてCRM概念が注目をされてきた。南知恵子は、CRM概念を、ITを基盤

とする関係構築プログラムとして捉え、顧客の選別性と収益性志向によって特徴づけられるものと定義し、重要な課題として、ITを基盤としつつ、営業や電子商取引など、顧客との接点をどう統合するかであると述べている［参考文献（16）、p.544］。

第6節では、関係性マーケティングの源流とも言えるビジネスマーケットについて述べることとする。

第5節　関係性マーケティングの強調の背景

なぜ、1990年代に入り、ことさら関係性マーケティングが強調されるようになってきたのかを述べることとする。猿渡敏公は、理由として、以下のように指摘している［参考文献（10）、p.225］。

① 従来のマーケティングの文献での交換論への反省、すなわち、交換を単発的交換としてのみとらえ、長期的・継続的な交換関係という視点の欠落への反省。
② 国際的次元でのマーケティング競争の激化し、従来のアメリカ・マーケティングへの疑義が生じ始めたこと。
③ 日本企業の国際的競争力が増大したこと。

また、金顕哲は、交換パラダイムも1980年代後半を起点に新たな問題に直面したことから、以下の問題点を克服するために関係性マーケティングが提案されたと指摘している［参考文献（7）、p.260］。

① 交換の発想は1回のみの単発的な取引を強調しすぎたこと。
② 交換の発想は交換の質より交換の量を強調することで、マーケティング活動の効率面でも悪い結果をもたらしてしまったこと。

さらに、嶋口充輝は関係性マーケティング強調の背景として、次の5点を挙げている［参考文献（13）、pp.111-112］。

① 豊かな社会が進展し、市場のニーズや欲求がますます高度化、不透明化して先が読みにくくなったこと。
② 多くの企業の売上構成が、パレートの法則として指摘されるように、上位20％ほどのヘビー・ユーザー層で売上全体の80％の売上が安定的に得られること。
③ 商品の増幅化（augmented product）の傾向。
④ 商品ライフサイクルの短縮化傾向。
⑤ ビジネスにおけるサービス比率の上昇傾向。

そして以上のような関係性強化の要請を可能ならしめた最大の要因は、コンピューターを中心とする情報処理技術の発達であり、今日、この情報処理技術とそれを支える情報インフラストラクチャによって、顧客データベースが大量、安価、高速で構築、処理できるようになり、関係性を幅広く正確につくり上げることが可能になっていると述べている［参考文献（13）、p.112］。

最後に南知惠子は、次のように関係性マーケティングが重要視されるようになった背景について指摘している［参考文献（16）、p.532］。

① 成熟市場においてより効率的かつ効果的に顧客にアプローチする方策として、顧客との継続的取引を生み出す仕組みへの関心が高まっていること。
② ICTやデータベース技術などの進展が関係性マーケティングの活動に貢献していることも強調される。

以上、見てきたように、関係性マーケティングが強調された背景には、長

期継続的取引の有効性と情報技術の進展があるものと思われる。

(注)
（1）　アーント（Arndt）の1979年の論稿については、阿部真也［参考文献（1）］、猿渡敏公［参考文献（10）］によって詳述されているが、Domesticated marketを「内部化市場」と訳されることもあるが、「飼育された市場」としたのは、阿部、猿渡の両論文による。

(参考・引用文献)
（1）　阿部真也「マーケティング論の拡張と市場概念の再検討」『マーケティングジャーナル』、1982年、pp.2-10。
（2）　池尾恭一、青木幸弘、南知恵子、井上哲浩『マーケティング』、有斐閣、2010年。
（3）　石井淳蔵、嶋口充輝（編）『営業の本質』、有斐閣、1995年。
（4）　小野譲司「マーケティングにおける信頼」『マーケティング・ジャーナル』、第63巻、1997年、pp.93-100。
（5）　金顕哲『日本型マーケティングの再構築』、大学出版社、1998年。
（6）　金顕哲「営業の関係理論」、石井淳蔵、嶋口充輝編『営業の本質』、有斐閣、1995年、pp.191-217。
（7）　金顕哲「関係性の実践メカニズム　●株式会社ハウス・オブ・ローゼ」、嶋口充輝、竹内弘高、石井淳蔵編『マーケティング革新の時代1顧客創造』、有斐閣、1998年、pp.259-283。
（8）　斉藤保昭「関係性マーケティング論の研究の方向性」『企業診断』、Vol.48. 2001年、pp.54-59。
（9）　斉藤保昭、夷石多賀子『最新　現代マーケティング全集―新しい潮流／諸問題と関連法規6』、2001年。
（10）　猿渡敏公「マーケティング研究における新たな潮流」『明大商学論叢』、第78巻1・2・3号、1996年、pp.81-93。
（11）　猿渡敏公『マーケティング論の基礎』、中央経済社、1999年。
（12）　嶋口充輝、石井淳蔵『現代マーケティング（新版）』、有斐閣、1995年。
（13）　嶋口充輝『柔らかいマーケティングの論理』、ダイヤモンド社、1997年。
（14）　嶋口充輝、竹内弘高、片平秀貴、石井淳蔵編『マーケティング革新の時代1　顧客創造』、有斐閣、1998年。

(15) 南知惠子『リレーションシップ・マーケティング』、千倉書房、2005年。
(16) 南知惠子「関係性マーケティング」、池尾恭一、青木幸弘、南知惠子、井上哲浩『マーケティング』、有斐閣、2010年、pp.529-548。
(17) 和田充夫『関係性マーケティングの構図』、有斐閣、1998年。
(18) 渡辺達朗『流通チャネル関係の動態分析』、千倉書房、1997年。
(19) Arndt. J., "Toward a Concept of Domesticated Markets," *Journal of Marketing*, Vol.43, 1979, pp.69-75.
(20) Berry. L. L., "Relationship Marketing," L.. L., Berry, G. L. Shostack and G. D. Upah (eds.), *Emerging perspective in Service Marketing*, American Marketing Association, Chicago, II, 1983, pp.25-28.
(21) Bennet. P, (ed), *Dictionary of Marketing Terms*, American Marketing Association, 1995.
(22) Levitt, T., "After the Sales is Over" *Harvard Business Review*, Sept-Oct, 1983, pp.87-93.（レビット「売り手にとって欠かせぬ買い手との関係強化」『ダイヤモンド・ハーバード・ビジネス』、1984年1月号、pp.4-12。）
(23) Morgan, Robert M. and S. D.Hunt, "The Commitment-Trust Theory of Relationship Marketing," *Journal of Marketing*, Vol.58 No.3, 1994, pp.20-38.
(24) Petrof. J.V, "Relationship Marketing: The Wheel Reinvented?" *Business Horion*, Nov-Dec. 1997, pp.26-31.
(25) Sheth, J. N. and A. Parvatiyar (eds) *Handbook of Relationship Marketing*, Sage pubkication, 2000.

第5章　ビジネスマーケットにおける関係性マーケティング

第1節　ビジネスマーケットにおける売り手―買い手関係について

　マーケティングにおける関係性を重視する考え方は、先述したようにとりわけ顧客との日常的かつ密接な接触をベースにする、サービス・マーケティングやインダストリアル・マーケティングの分野において認められ、そこにその後の関係性マーケティング研究の展開のいわば源流を認めることができる［参考文献（37）、p.71］。本章では、インダストリアル・マーケティングにおける対象市場であるビジネスマーケットを対象領域とし、ビジネスマーケットにおける売り手―買い手関係について述べることとする。

　インダストリアル・マーケティングの研究は、重要性が高いにもかかわらず、その研究については、消費財マーケティングに比べて少ないのが現状である。その理由として、高嶋克義は、「生産財メーカーに聞き取り調査をすると、理論的な接近を拒むような"前置き"をよく聞く。"この業界は特殊ですが""生産財にマーケティングは関係ない"など。なぜ生産財メーカーでは個々の業界の特殊性を強調したり、マーケティングに否定的な態度を示すのだろうか。これは生産財マーケティングを研究し始めて直面した最初の問題であった」と述べ、その理由として

① 生産財というのは、部品、原材料、機械、設備など、単価や製品の特徴などについて極めて多様な種類の製品を含み、しかも独特の取引慣行や業界の慣習まで存在するために、個々の業界の特殊性が目立ちやすいこと。

② 生産財というのは、購買において技術的特性が重視されるものであるために、「マーケティングよりも技術」という考えに支配されやすいことを挙げている［参考文献（24）、p.i］。

　このように生産財にはマーケティングを重視しなくてもすむという風潮があり、それにより消費財マーケティングに比べ、インダストリアル・マーケティングが目立たない存在になっている理由である。しかし、近年、インダストリアル・マーケティングにおける関心が高まっている［参考文献（33）、p.v］。

　では、インダストリアル・マーケティングとは、どのようなものなのであろうか。高嶋克義は、インダストリアル・マーケティングとは、一般消費者向けのマーケティングではなく、企業などの組織に向けて行なわれるマーケティングであり、強調されるのは、取引される製品が生産財であるということではなく、取引する相手が企業などの組織になるということであり、そして一般的に消費財と考えられるような製品（またはサービス）であっても、それが企業向けに販売されるときにはインダストリアル・マーケティングの論理が適用されるとし、これまでのインダストリアル・マーケティングの研究の基本的な特徴として、①売り手・買い手が組織として行動すること（組織性）、②関係をベースとすること（関係性）を挙げている［参考文献（24）、pp.1-7］。

　本章においては、インダストリアル・マーケティングは、企業などの組織に向けて行なわれるマーケティングであるということを基本的な認識として論を進めていくこととする。

　西村務は、売り手と買い手の関係にインダストリアル・マーケティングの本質があるという考え方が着想されたのは、1960年代のアメリカの研究であるとし、インダストリアル・マーケティングの本質は、売り手と買い手の関係という問題の性格に存するという発想に基づいて、その実務的展開を試みている［参考文献（27）、p.5］が、本章においても、売り手と買い手の関係に

第1節　ビジネスマーケットにおける売り手―買い手関係について

インダストリアル・マーケティングの本質があるという考え方に基づいて、以下、議論を展開していくこととする。

まず、ビジネスマーケットにおける売り手―買い手関係について明らかにすることにする。インダストリアル・マーケティングにおける売り手―買い手関係の構造は、図表5-1のように描かれると考える［参考文献（12）、p.360］。

なお構造という用語であるが、ここでは"相互作用のパターン化された姿"という意味で構造という用語を使用する。この図表5-1は、ホーキャンソン（Hakansson）に代表されるIMPグループ（Industorial Marketing and Purchasing Group）による相互作用モデル（Interaction Model）を基本にして、組織購買行動論と境界連結機能（boundary spanning activity）としての対境担当者（boundary personnel）の考え方を統合したものである。

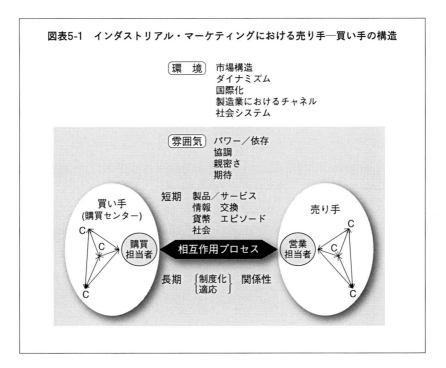

図表5-1　インダストリアル・マーケティングにおける売り手―買い手の構造

買い手については、まず全体を購買センターと考え、対境担当者を購買担当者として、売り手については、対境担当者を営業担当者とし、その売り手―買い手間の相互作用であるとして考えたモデルである。そして、特に、売り手の対境担当者である営業担当者も買い手の対境担当者である購買担当者も、売り手側、買い手側それぞれの構成員と相互に影響しあいながら行動していることを強調しておきたい。

では、このモデルを詳しく見ていくこととする。まず、買い手については、全体を購買センターと考えたのであるが、高嶋克義によれば、「購買センターはある製品の購買に関与する人々の仮想的な集団であり、購買意思決定に影響を及ぼす多くの部門や上位階層の人々を含むものとして理解される」と述べている［参考文献（24）、p.24］。

図表5-2　購買センターの役割分担

1．発案者（initiators）	購買の状況と課業を明確にする人
2．使用者（users）	購入された財・サービスを使用する人
3．購買担当者（buyers）	供給業者との契約締結の責任者
4．影響力行使者（influencers）	代替的購買行動を含め、情報提供により直接・間接的に意思決定に影響力を発揮できる人
5．意思決定者（deciders）	代替的な購買行動の中から選択、決定する権限を持っている人
6．窓口担当者（gatekeepers）	購買センターに入ってくる情報を管理する人

（出所）　矢作敏行『現代流通』、有斐閣、1996年、p.280より著者作成。

購買センターの役割分担は、図表5-2のように、①発案者（initiators）、②使用者（users）、③購買担当者（buyers）、④影響力行使者（influencers）、⑤意思決定者（deciders）、⑥窓口担当者（gatekeepers）に分類されるが、1人ひとりが各々の役割分担をしているというより、1人が何役かをこなしている。このように、購買センターは、たびたび複数のメンバーから構成され、さまざまな部署や地位の人がかかわってくるため、その中で、誰が、なぜ強い影響

第1節　ビジネスマーケットにおける売り手—買い手関係について

力を持つかを知ることは、マーケティング戦略を考える際に非常に重要である。さらに販売を行なおうとする企業において、この購買センターに誰がどのような役割で含まれるのかを識別することが、まず必要なことである。また、購買センターを具体的なレベルで考えると、それは諸部門・諸階層の人からなるために、異なる目標や価値観に基づくコンフリクトが発生しやすい。購買センターにおいて異なるニーズが存在し、そこでコンセンサスがつくられて購買が決定されることを考慮すれば、有効なマーケティング戦略を展開するために、購買センターの分析が必要になる。次に、対境担当者であるが、ここでは、買い手側の対境担当者を購買担当者とし、売り手側の対境担当者を営業担当者としているが、山倉健嗣は、次のように対境担当者について説明している［参考文献（31）、pp.65-67］。

つまり、組織の対外、対内の境界に位置する組織の構成員が対境担当者であり、具体的に、組織の対境担当者はトップの管理者であり、購買担当者であり、マーケティング担当者であり、そして、人事部門の担当者などである。このように、組織間関係は対境担当者の行動を媒介にして、組織間の人員・情報・資源・財・サービスの取引として行なう。

また、そのような対境担当者は他の組織との連接機能を担うとともに、他の組織の脅威から焦点組織を防御するという境界維持機能を担っているとし、対境担当者の特徴として、

① 組織の他のメンバーから心理的に、組織的に、しばしば物理的に乖離し、外部環境に近接していること。
② 対境担当者は外部環境に対して組織を「代表」すること。
③ 対境担当者は外部環境に対する組織の影響力の行使者であるとともに、外部環境による組織への影響力の目標ともなること。

があげられるとしている。

対境担当者は、組織の内―外の「接点」に位置している。佐々木利廣は対

境担当者が行なう境界連結機能（boundary spanning function）を、①資源取引機能、②情報プロセッシング機能、③象徴的機能、④バッファリング機能、⑤組織間調整機能の5つに大別し、次のように説明した［参考文献(17)、pp91-92］。

① 資源取引機能は、いかに資源を獲得するのか、他の組織との資源依存関係をどのようにコントロールするのかという機能である。
② 情報プロセッシング機能は、他の組織やコンテクスト環境からの情報を解釈し、組織内構成員や支配的連合に伝達する機能であり、情報収集者、情報解釈者、情報フィルター、情報ゲートキーパーとして機能するものである。
③ 象徴的機能は、組織の外部に向けての顔を形成し、さまざまなインプッレッション・マネジメントを行なう機能である。
④ バッファリング機能は、他の組織あるいはコンテクスト環境からの影響力を中和し、脅威や攪乱要因を部分的に吸収することにより組織を防御しようとする機能である。
⑤ 組織間調整機能は、複数の組織を連結し調整する機能である。

最後に相互作用についてであるが、ホーキャンソン（Hakansson）らのIMPグループにより相互作用モデル（Interaction Model）が開発された［参考文献(43)］が、先述したように、図表5-1は、彼らの相互作用モデルを基本としている。彼らの相互作用モデルについて、渡辺達朗は「売手企業と買手企業のダイアディックな関係に注目し、産業財に特有な関係の長期継続性を両者の相互作用という視点から分析するところに特徴がある」と述べている［参考文献(37)、p.77］。

では、図表5-1をベースにして、相互作用モデルについて説明することとする［参考文献(43)、pp.11-27］。

相互作用モデルの主要な要素は、①相互作用プロセス（Interaction Process)、②相互作用プロセスの関係者（Participants）、③相互作用が生じる中での環境（Environment）、④相互作用に影響のある雰囲気（Atmosphere）、の4つである。そして、売り手企業と買い手企業の関係は短期的側面としてのエピソード（episodes）と長期的側面としての関係性（relationship）という2つの側面から捉えられる。エピソードとは、①製品・サービスの交換（Product or Service Exchange）、②情報交換（Information Exchange）、③貨幣交換（Financial Exchange）、④社会的交換（Social Exchange）の4つの要素からなる交換関係である。関係性はエピソードの反復によって形成され、長期的な相互作用様式であり、その性格は、関係の制度化（institutionaization）、接触様式（Contact Patterns）、適応化（adaptations）の三変数で捉えられる。4つの交換エピソードのルーティン化は売り手・買い手の双方に役割または責任に対する期待を明確にし、関係の制度化を強める（制度化）。情報交換の反復は組織間の接触様式を決定し、技術や取引などに関する情報交換を単純化し容易にし（接触様式）、この接触様式は特定の購買がなされなくとも長期安定的に維持される。製品・サービスの交換、情報交換、貨幣交換は長期的反復の過程で相互に適応化のための関係への投資を発生させる（適応化）。産業財について制度化、接触様式、適応化の3つの特徴を含みながら企業間での継続的で包括的な取引関係が交換の反復により形成される。それは交換の反復過程における費用節約や成果増大を目的として企業がそのような関係を選択するためである。このようにエピソードに含まれる4要素の交換の反復を通じて関係の性格が形成されるが、この形成過程には売り手・買い手の双方の性格や環境などの要因が影響する。企業の技術的能力・規模・組織構造・戦略・組織的経験などの組織的要因や組織構成員の個人的要因が関係の性格に影響する。関係に影響を与える環境要因としては市場構造や社会的・文化的条件などがあり、これらはとくに相互作用の制約条件となることを通じて企業の関係に対する戦略に影響する。

　相互作用モデルではこのように産業財の取引関係において個別の製品・サービスの取引と長期的な関係を識別して、組織間関係が形成される仕組みを

説明するのである。しかも単に製品・サービスの取引がルーティン化して関係が形成されるのではなく、長期的・安定的関係が戦略的に選択され形成されるという局面を強調する。

以上が、インダストリアル・マーケティングの売り手ー買い手関係の構造であると同時にビジネス・マーケットにおける売り手ー買い手関係についての基本的な考え方である。

第2節 関係性発展プロセスについて

次に、売り手と買い手関係の発展プロセスについて述べることとする。ドワイヤー（Dwyer）らは、①認識（awareness）、②探索（exploration）、③拡張（expansion）、④コミットメント（commitment）、⑤解消（dissolution）といった5つの一般的な段階を通して発展し、各段階は、取引当事者がお互いにどのように見ているかという中での取引の段階を表し、その内容を簡潔にまとめると図表5-3のようになる。これらの段階の特徴を詳細に示すと、次のように説明される［参考文献（41）、pp.15-21］。

（1） **段階1．認識**

認識とは、当事者Aが当事者Bを相応しい交換パートナーであると認めることであり、取引当事者間の状況の近接性は認識を促進する。たとえば、買い手は地元の商店やよく見るメディアで広告されたブランドに気がつきやすくなる。

この段階では、取引当事者間の相互作用は発生しない。そこには、特定の相手に対するお互いの魅力を高めるために取引当事者が行う「ポジショニング」や「姿勢」が存在するが、これらの行為は、一方的なものであり、双方的相互作用は、関係性発展可能な次段階の始まりを示している。

第2節 関係性発展プロセスについて　71

図表5-3　Dwer, Schurr, Ohによる関係性発展プロセス

(1) 認　識	当事者Aが当事者Bを相応しい交換パートナーであると認める段階であり、この段階では、取引当事者間の相互作用は、発生しない。
(2) 探　索	関係的交換への発展の可能性を探る段階である。
(3) 拡　張	交換パートナーにより得た便益が継続的に拡大し、パートナー間の相互依存もますます高まっていく段階である。
(4) コミットメント	交換パートナー間でなされた関係的継続性についての明示的あるいは暗黙の誓約であり、売り手と買い手の相互依存関係がかなり発展した段階である。
(5) 解　消	取引が解消されていく段階であるが、売り手と買い手の関係の解消の可能性は、探索、拡張、コミットメントのそれぞれの段階にもある。

(出所) Dwyer=Schurr=Oh "Developing Buyer-Seller Relationships" *Journal of Marketing*. Vol.51 (April) 1987, pp.15-21より著者作成。

（2）　段階2．探索

　探索とは、関係的交換における探索と試行の段階を指し、この段階では、まず潜在的な交換パートナーは義務、便益と負担、交換可能性を考慮する。試しに購買を行ってみる。探索段階は非常に短い場合もあれば、検証や評価に長い期間を費やす場合もある。探索段階の関係は、投資および相互作用は小さく脆弱である。探索段階は、五つの下位プロセスに概念化されている。

　① 吸引（attraction）

　吸引は、探索段階の最初のプロセスであり、それは売り手と買い手が報酬―費用の成果の達成度合いから生じ、報酬は関係性の有形および無形の満足から引き出され、費用は経済的あるいは社会的な妨害物を意味する。

　② コミュニケーションと交渉（communication and bargaining）

　交渉段階は、抵抗に直面した取引当事者が義務、便益、負担の相互的な配分を再調整するプロセスである。売り手と買い手が本質的に離散的契約条件について交渉を行えるが、関係性は欲求、問題点、投入物、優先事項に関する双方コミュニケーションなくして形成されるとは思われない。

　③ パワーの開発と行使（development and exercise of power）

　パワーとは、意図した効果もしくは目標を達成する能力である。そして、

取引当事者AのBに対するパワーは、価値のある資源に対してBがAに対する依存度によって決まる。したがって、Aに対するBの依存度は、価値のある資源か、あるいは選択肢が限られている場合に大きくなる。したがって、交渉において加えられたパワーの結果として譲歩が認められたり得られたりする。取引当事者Aによるパワーの行使が公正とみなされ、取引当事者Bが応諾するならば、当事者間の共同利益が重要性を帯びる。パワーの成功的行使が、探索段階と拡張段階を区別するものとなる。

④ **規範の開発（norm development）**

規範とは、期待された行動パターンである。新興の交換パートナーは規範を採用し、行動基準を構築することによって、将来的な交換のための基本原則を設定し始める。

⑤ **期待の発展（expectation development）**

関係的期待は、利害の対立と、統一できるかトラブルになるのかについての見込みに関係する。これらの期待は契約紐帯を強めるか、弱めるかのいずれかである。そして、信頼が、契約的関係における協力およびプランニングに対する期待を理解するうえで重要な概念になる。

（3） 段階3．拡張

拡張は、交換パートナーにより得た便益が継続的に増大し、パートナー間の相互依存もますます高まっていくことである。先の探索段階で行われた五つの下位プロセスがこの拡張段階においても働く。決定的な違いは、探索段階で構築された信頼と相互満足の基盤がここで二者間における危険負担の増大に導くことである。

（4） 段階4．コミットメント

コミットメントとは、交換パートナーの間でなされた関係的継続性についての明示的あるいは暗黙の誓約である。この段階は売り手と買い手との相互依存関係がかなり発展した段階である。そして、コミットメントに関して、

次のような可測的基準を示している。

① 資源の投入
取引当事者においては、その関係に対して資源の投入がかなり高水準に行われていなければならない。交換される資源には重要な経済的資源、コミュニケーション上の資源、感情的な資源などがある。

② 持続性
関係が絶えず継続していかなければならない。それは、取引当事者が交換関係に由来する便益を認識でき、継続的で有効な交換をもたらすと思われる環境を予測できるということを仮定している。

③ 一貫性
コミットメントの第三の側面は一貫性であり、資源の投入はそれとの関連で行われる。ある当事者が資源の投入を変えた場合には、他方の側はそれから生じる結果の予測が困難になるからである。

（5） 段階5．解消

売り手─買い手関係の解消の可能性は、探索、拡張、コミットメントのそれぞれの段階にある。しかし、特に重要なことは、解消が拡張やコミットメントの段階で起きる場合である。なぜならこの段階では特徴的な高い相互依存性の状態に達しているからである。だが、この解消については、いまだ十分に解明されているわけではない。

以上のように、ドワイヤー（Dwyer）らは、関係性の発展プロセスについて、関係性は、（1）認識（awareness）、（2）探索（exploration）、（3）拡張（expansion）、（4）コミットメント（commitment）、（5）解消（dissolution）の五つの段階からなるプロセスにあると指摘している。

ところでこのプロセスは、大きく分けると関係の形成と解消となるが、そこに維持を加えて考えていくこととする。そこで、本章においては、次のよ

うに売り手―買い手関係のプロセスについて考える。プロセスを（1）関係性の形成、（2）関係性の維持・強化、（3）関係性の解消とし、それぞれの段階について述べることとする。

（6） 関係性の形成段階

関係性の形成について金顕哲は、顧客を「関係の場」のうちに引き込む局面であるとし、とくに重要なマーケティング活動の魅力的なコンセプトを提供する、いわば、企業が顧客に対し魅力的な概念を提示することによって顧客との出会いの場をつくる活動である。その意味でコンセプト・マーケティングである。顧客は企業のコンセプトを通じて企業を明確に認知し、これに基づいて企業との出会いを準備する。そして関係の場においては相互作用を活性化させ、新しい価値を創造する局面である。この局面の核心的な活動の一つが対話である。対話は場の本質であり、場の維持に欠かせないものである。深い対話を通じてのみ新しいコンテクストが生まれ、関係自体も一回だけの交換でなく、より長期的な関係へと発展していくと指摘している［参考文献（9）、pp.200-202］。

また、嶋口充輝は、関係性構築のための基本視点として、日本は「縛り」の関係であり、米国は「結び」の関係にあるとし、「縛り」と「結び」のメリットを融合的に生かす「和して同ぜず」の思想であり、関係性構築の基礎条件として、「和して同ぜず」の精神のもとに、より長期合理的な関係性を構築するためには、少なくとも三つの制度的、構造的な組織対応が必要であるとし、①組織としての関係の「場」を明確にすること②「場」ないし戦略ドメインに対応した愚直な信頼の提供③顧客接点へのエンパワーメント（empowerment）をあげている［参考文献（20）、pp.115-116］。

以上、金と嶋口の指摘からもわかるように、関係性の形成段階においては顧客との関係性構築の「場」の形成が重要である。

（7） 関係性の維持・強化

金顕哲によれば、関係志向的マーケティングは一回だけの交換でなく、長期的・継続的関係を目的としている。このため関係管理のポイントも、形成された関係を継続的に維持・発展させることにある。この局面でとくに重要な活動の一つとして「顧客を一生の顧客にするため、交換が終わった後でも継続的に行われるマーケティング活動」をいう意味でのアフター・マーケティングを指摘している。それは最初の出会いの後、顧客のデータベースを構築し、顧客との公式・非公式なコミュニケーション・ルートを維持し、顧客のためのイベントや顧客満足の調査などを行う活動をいう。企業は、アフター・マーケティング活動を通じて、顧客との関係を継続的に維持・発展させるのである。企業はこのような活動を通じて、顧客をただの顧客からクライアントへ、支持者へ、熱烈なファンへと変えていく［参考文献（9）、pp.204-205］。

さらに、関係性の強化について、嶋口充輝は、関係性強化の行動特性としての次の6点をあげている［参考文献（20）、pp.118-122］。

① コミットメント（commitment）
良き関係性を構築、維持、発展させるためには、関係に対する強いコミットメントが必要。

② コンテクスト共有性
「ツーといえばカーとつうずる」ような高いコンテクストの共有性。

③ 会話と対話
会話と対話は、相手を知り、自らを知らせ、アイデアを創造するための源泉。

④ 調整と妥協
関係性時代において重要なことは、いかに利害関係者間に最適な「落としどころ」をつくるかという、調整と妥協の問題。

⑤ 誠実と献身
・関係性を強固にするベースは、誠実(honest)と献身(dedication)の精神。

- 小さな嘘や不誠実さは、結局、信頼関係を長期的に失うもととなり、奉仕の精神の欠如は、目先の利益によって信頼関係を崩すものとなる。
- 特に「相手を生かしてから自分が生きる」という献身性は、今日のビジネスの中核概念。

⑥ 社会性と革新

利権型、保守型の関係は社会からの制裁を受けるため、当事者は、常に社会性と革新性のフィルターをその関係性構築の基準にビルトインさせておかなければならない。

以上のように、関係性の維持・強化においては、アフター・マーケティング活動とその基盤となる行動特性が重要であるということが指摘できる。

(8) 関係性の解消

金顕哲によれば、関係管理の隠れた局面が解消局面であり、関係管理の重要なポイントが関係の解消局面にもあるとし、関係の解消には、顧客の不満によって関係が解消される場合と企業側が意図的に関係を解消する場合の二つがあると指摘している［参考文献（9）、pp.205-209］。

これらの指摘は、自己責任による解消と考えられる。この他に競争という観点からの解消というものが考えられる。つまり、競争という観点からの解消とは、顧客に対する自社の関係より他社の関係のほうがより強いために解消された場合である。逆説的に言えば、関係性というものは、他社との差別的優位性を確保するための手段の一つとして考えられるもではないだろうか。

このように関係性の解消には自己責任としての解消と競争という観点からの解消という二つが考えられる。

以上、売り手―買い手関係のプロセスについて論じてきたが、これらを図示すると図表5-4のようになる。

第2節 関係性発展プロセスについて　77

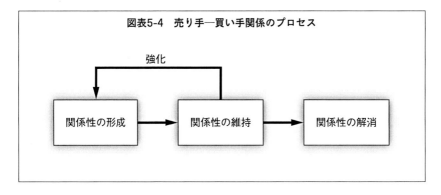

　つまり、関係性が形成され、次に維持の段階にいくが、また関係性の形成段階に戻り、それが繰り返されることにより関係性が強化されると考える。このような循環プロセスを強調するのも関係性を維持するということは、絶えず新たな気持ちで関係性の形成を考えなければ、維持が困難なためである。関係性を維持するということは、非常に難しいことなのである。その関係性がどのように、形成され、維持され、強化されるかは関係性の構成概念に依存すると考える。ここでいう関係性の構成概念とは、関係性の形成、維持強化という関係性の発展プロセスの変数として考えることとする。

　フォテノッツ（Fotenot）らは、構成概念を整理した［参考文献（42）、pp.5-12］が、それをまとめると次頁の図表5-5のようになる。

図表5-5 関係性の構成概念

① 協調（cooperation）
② 相互依存（interdependence）
③ コミットメント（commitment）
④ 信頼（trust）
⑤ 機会主義的行動（opportunistic behaviors）
⑥ パワー（power）
⑦ 対立（conflict）
⑧ 機能的対立（functional conflict）
⑨ コミュニケーション（communication）
⑩ 関係終結費用（relationship termination costs）
⑪ 関係性の結果＝期待価値（relationship outcome=expected value）
⑫ 関係性便益（relationship benefit）
⑬ 共有された価値観（shared value）
⑭ 満足（satisfaction）
⑮ 黙認（acquiescence）
⑯ 離脱傾向（propensity to leave）
⑰ 意思決定における不確実性（uncertainty）

　このように、彼らは関係性の構成概念を17項目を提示しているが、状況に応じて、さまざまな構成概念があると考える。

　このように、関係性の構成概念はさまざまであるが、売り手―買い手関係は、短期的側面である交換を行なった後に長期の関係性を形成維持強化するために、このような関係性の構成概念が作用する。最初に関係性の構成概念について、関係性の形成・維持強化という関係性の発展プロセスの変数として考えることとすると述べたが、これを数式に直すと次のようになる。

　関係性＝f（信頼、コミットメント、……）

　小野譲司が、構成概念の中でも信頼は継続的取引の背景にある概念であり、関係性マーケティングをはじめとした売り手―買い手の長期的関係とその戦略上の活用を主張する議論において、中心的な扱いを受けるに至ってい

ると指摘している［参考文献（7）、p93］ことからも特に信頼が重要な構成概念であると思われる。

　関係性マーケティングにおいて重要なことは、関係性の各発展プロセスにおいて、関係性の構成概念がどのように影響するのかを明らかにすることである。また、図表5-1からもわかるように、対境担当者である営業と企業内部の組織との円滑な連繋を図る意味で、特にビジネスマーケットにおける関係性マーケティングにおいては、企業内部の仕組みづくりが重要となるのである。

第3節　関係性マーケティングと信頼

　先述したように、信頼は、関係性マーケティングの議論において、中心的な役割を演じている。コンシュマー・マーケットにおいても重要であるが、特に、インダストリアル・マーケティングにおいて、境界に位置している営業担当者にとって信頼というものは重要なものである。

　かつて、石井淳蔵は、営業は数字・信頼・戦争の三つの軸で構成されているとし、「営業の誇りの第二は、顧客からの信頼あるいは好意だ。顧客とのなんらかの取引を行うに先だって、『まず、顧客の好意を獲得する』ことが営業の極意だという人も少なくない。部下に対する具体的な指針として、『製品よりも自分を売り込め』というベテラン営業人は多い。『お客さんと長い付き合いができる営業がよい営業だ』ともいわれる。顧客からの信頼なくして新規開拓はできないともいわれるし、決まった相手に決まったように商品を販売する営業にこそ顧客からの信頼が重要だともいう。予期しなかった商売のネタが飛び込んできたり、取引が支障もなく進んだりするのは、顧客からの信頼があるからこそなのだという。つまり素材型営業においてもパッケージ商品型営業においても、顧客からの信頼こそが営業の核心だというのだ」と述べていた［参考文献（5）、p.15］が、営業の本質という意味では現在でも変わらないように思われる。

和田充夫は、「『信頼』とは、自らが相手になんらかの報酬（たとえば商品の発注）を期待し、相手がその期待通りに行動すると認識すること」と定義し［参考文献（35）、pp.322-323］、「期待―実行」の図式によって形成される信頼である認知的信頼と、必ずしもパフォーマンスの認知が必要ではなく「あいつは信頼できそうだ」といった感情的な側面が強調され、パートナー双方のパーソナリティとか所属する企業の社風といったようなものが影響する感情的信頼との二つに分け、認知的信頼と感情的信頼との関係は双方向であり、「認知的信頼が『期待―実行』という、図式の繰り返しによって醸成されると、『あいつは信頼に値するよい奴だ』といった感情的信頼が生まれ、一方、『あいつは信頼できそうだ』といったムード的感情的信頼関係から出発しても、『期待―実行』図式が繰り返されると、そこには認知的信頼が付加される。つまり、信頼という関係性は最終的には認知という次元と感情という次元が混在しなければ成り立たないということである」と指摘している［参考文献（35）、p.323］。そして、さらに和田は、信頼概念を「二者間のダイアディック（dyadic）な状況にあって、双方が期待やパフォーマンスに対する裏切りのリスクを認識しつつも交換行為継続の意志を持ち続ける、あるいは期待やパフォーマンスに対する裏切りという現実にあってもそれを容認する心を双方がもっている状況」と定義している［参考文献（36）、pp.94-95］。また、認知的信頼と感情的信頼は相互作用的であり、「認知的信頼の形成がやがては感情的信頼を生み出し、感情的信頼が認知的信頼の形成によって強化されるメカニズムが生まれてくる。」［参考文献（36）、p.94］と述べている。

　関係性マーケティングにおいては、信頼は重要な役割を果たし、特にインダストリアル・マーケティングは関係性マーケティングの中心的な位置にあることからインダストリアル・マーケティングにおける売り手―買い手関係において信頼がどのように作用するかを考えることが重要である。

　では、インダストリアル・マーケティングにおける売り手―買い手関係において信頼がどのように作用するのであろうか。

　その点については、買い手企業の対境担当者である購買担当者と売り手企

業の対境担当者たる営業担当者との信頼である個人間信頼と買い手企業と売り手企業の信頼である組織間信頼に分けて考察する必要があると考える。境界連結管理者が相手組織の信頼感を、自組織の垂直的・水平的コミュニケーションにおいて主導的に共有させていくと、全体的な相手組織への信頼感が変化してくる［参考文献（34）、p.22］というように対境担当者が主導していくことで個人間信頼が進化し、組織間信頼になると考える。

第4節　インダストリアル・マーケティングにおける売り手―買い手関係戦略

　第3章において述べたように、1970年代中頃から、マーケティングの領域において従来のマーケティング戦略にとどまらず、その内容が大きく拡大された戦略的マーケティングが登場してきた。

　戦略的マーケティング研究では、通常、競合企業との間で業績の格差を生み出しうる持続的競争優位の源泉を探索し、それを事業レベルにおいて実現する可能性に関心が向けられ、この目標を達成するために、戦略的マーケティング研究では、企業を取り巻く環境に存在する機会（Opportunities）と脅威（Threats）の分析と自己（企業自身）が有する相対的な強み（Strengths）と弱み（Weaknsses）の分析が重要視されてきた［参考文献（11）、p93］。

　この見方は、その英語の頭文字をとってSWOT分析と呼ばれ、この分析を通じて、環境の中から何が脅威となり、何が機会となるかをつかみ出して、さらに自社の持っている強みと弱みを見極めることができるようになる。そこで優れた戦略というものは、市場機会をとらえて自社の強みを生かしていけるような戦略、脅威を抑えて自社の弱みをカバーできるような戦略である。SWOT分析は戦略策定にあたって不可欠であり、その分析手法としては、当初は検討すべき要因を列挙したチェックリストが用いられていたが、最近ではその基礎理論として、SW分析には資源ベース・アプローチ（resource-based approach）、OT分析にはポジショニング・アプローチ（positioning approach）が展開されている［参考文献（26）、pp.195-196］。つまり、企業の外側（業界、産業）を分析する場合にはポジショニング、企業の内側を分析する場合には資源ベースというようにこの2つのアプローチはSWOT分析のなかで相互補完的に利用される傾向がある［参考文献（11）、p.93］。

そこで、本節の課題であるインダストリアル・マーケティングにおける売り手―買い手関係戦略を考える上で、資源ベース・アプローチが重要な貢献をなすと考える。インダストリアル・マーケティングの中心に位置する関係性概念は、自社にとっての競争上の強みとなるからである。ところで、資源ベースは近年とくに関心が高まっている考え方である。この企業内部の経営資源の重要性を指摘する資源ベース・アプローチが台頭してきたのが80年代半ばごろからであった。企業が優れた業績をあげるのは、優れた資源や能力を持っているからであるというのが資源ベース・アプローチの基本的主張である［参考文献（1）、p.108］。

資源ベース・アプローチの代表的論者であるバーニー（Barney）によれば、企業資源とは、企業の効率性と有効性を改善する戦略を考え、実行することを企業に可能にしてくれる、企業によってコントロールされたあらゆる資産、ケイパビリティ、組織プロセス、企業属性、情報、知識などを含むと定義している［参考文献（38）、p.101］。

バーニーは、企業内部の強み・弱みを資源に基づいて分析する際に発すべき4つの問いを次のように提示している［参考文献（40）、訳書、pp.230-298］。

① 経済価値（Value）に関する問い

その企業の保有する経営資源やケイパビリティは、その企業が外部環境における脅威や機会に適応することを可能にするか。

② 稀少性（Rareness）に関する問い

その経営資源を現在コントロールしているのは、ごく少数の競合企業だろうか。

③ 模倣困難性（Imitability）に関する問い

第4節　インダストリアル・マーケティングにおける売り手─買い手関係戦略

その経営資源を保有していない企業は、その経営資源を獲得あるいは開発する際にコスト上の不利益に直面するだろうか。

④ 組織（Organization）に関する問い

企業が保有する、価値があり稀少で模倣コストの大きい経営資源を活用するために、組織的な方針や手続きが整っているだろうか。

このように企業の内部の強みと弱みに関しての資源ベースの分析を行うのに必要な基準として、Barneyは（1）価値、（2）稀少性、（3）模倣困難性、（4）組織の4つを指摘し、この4つが揃って初めて持続的競争優位の源泉となるとした。

そしてバーニーの戦略分析は4つの頭文字をとりVRIO分析と呼ばれる。価値（V）、希少性（R）、模倣困難性（I）、組織（O）に関する問いは、企業の保有する1つの経営資源の活用によって得られるパフォーマンスを理解するために、まとめて1つのフレームワークとして考えることができるとし、図表5-6のようにVRIOフレームワークと強み・弱みの伝統的SWOT分析との関係を提示している。このVRIOフレームワークを説明すると次のようになる［参考文献（40）、訳書pp.230-298］。

図表5-6　VRIOフレームワークと強みと弱みの伝統的SWOT分析との関係

その経営資源やケイパビリティは

	価値があるか	稀少か	模倣コストは大きいか	組織的に活用されているか	競争的含意	経済的成果	強みか、弱みか
(1)	No	─	─	No	競争劣位	標準を下回る	弱み
(2)	Yes	No	─	No	競争均衡	標準	強み
(3)	Yes	Yes	No	No	一時的競争優位	標準を上回る	強みであり、固有のコンピタンス
(4)	Yes	Yes	Yes	Yes	持続的競争優位	標準	強みであり、持続可能な固有のコンピタンス

（出所）Barney. J. B., *Gaining and Sustaining Competitive advantage*, Addition-Wesley Publishing Company Inc, 1996. P.163, 及びバーニー著、岡田正大（訳）『企業戦略論 上』、ダイヤモンド社、2002年、p.272。を参照して著者作成。

84　第5章　ビジネスマーケットにおける関係性マーケティング

①　図表5-6の（1）のケース

その経営資源やケイパビリティは、価値があるか「No」、組織的に活用されているか「No」であれば「競争劣位」となり経済的な成果は、「標準を下回る」。

企業によって保有される経営資源かケイパビリティに価値がなかったら、企業はその経営資源を用いることによって外部環境に存在する機会を活用したり、脅威を無力化したりする戦略を選択・実行することはできない。この経営資源を活用するために組織を構築したとすると、それは企業のコストを上昇させるか、売上げを減少させることになり、この手の経営資源は、企業にとって弱みであり、企業は戦略を選択・実行する際に速やかにこの弱みを修復するか、回避して使用しないようにしなくてはならない。もしも企業が戦略の認知と実行に際してこうした価値のない経営資源やケイパビリティを活用してしまうと、その経営資源を保有していないか、保有していても使用しない競合企業に対して競争劣位に陥ることになる。競争劣位にある企業は、標準を下回る利益しか得られない可能性が強い。

②　図表5-6の（2）のケース

その経営資源やケイパビリティは、価値があるか「Yes」、稀少か「No」、組織的に活用されているか「No」であれば「競争均衡」となり経済的な成果は、標準となる。

この「価値はあるが稀少でない」経営資源を使用することは、一般に標準を上回る利益を生み出さないが、その使用を怠ることは競争劣位をもたらすおそれがあることから少なくとも組織の強みとして認識することができる。

③　図表5-6の（3）のケース

その経営資源やケイパビリティは、価値があるか「Yes」、稀少か「Yes」、模倣コストは大きいか「NO」、組織的に活用されているか「NO」であれば「一時的競争優位」となり経済的成果は標準を上回る。

この種の経営資源を活用する企業は、業界でそれを活用する最初のプレーヤーであり先行者優位を獲得するが、競合企業がこの競争優位をいったん認

識してしまうとそれらの競合企業は先行企業に対するコスト上の不利をこうむることなく、直接的複製か代替によってこの戦略の遂行に必要な経営資源を獲得するか開発することができ、時間の経過とともに、競合企業が競争に必要な経営資源を模倣するにつれて、先行企業が得たいかなる競争優位も雲散霧消してしまう。ただ、重要な点は、価値があり希少であるが模倣コストが低い経営資源を最初に活用した企業が競争優位を獲得した時点と、競合の模倣によってその競争優位が消失する時点の間においては、その先行企業は標準を上回る経済的パフォーマンスを得ることである。このことから、この種の経営資源やケイパビリティは、企業組織にとっての強みであり、また企業固有能力（distinctive competence）であると言える。

④ 図表5-6の（4）のケース

その経営資源やケイパビリティは、価値があるか「Yes」、稀少か「Yes」、模倣コストは大きいか「Yes」、組織的に活用されているか「Yes」であれば「持続的競争優位」となり経済的成果は標準を上回る。

その経営資源かケイパビリティが価値があり、希少性があり、さらに模倣コストも大きい場合、これらを用いることは持続的競争優位と標準を上回る経済的パフォーマンスを生み出す。このケースでは、競合企業は成功している企業の経営資源やケイパビリティを模倣するうえで著しいコスト上の不利をこうむることになるため、この企業の戦略を模倣することはできない。このコスト優位は、成功している企業がたどってきた独自の歴史的経緯や因果関係不明性、もしくは社会的複雑性を反映している。いずれにせよ、この種の経営資源を活用している企業の競争優位に対抗しようとする競合他社の競争行動は、標準を上回るレベルはおろか、標準的なパフォーマンスさえ生み出さない。たとえ競合企業がこれを模倣することが物理的に可能であっても、そのためにかかる法外なコストが、模倣しようとする企業を競争劣位に陥れてしまうだろう。このようなことから、「価値があり、かつ希少性があり、さらに模倣コストも大きい」経営資源やケイパビリティは、企業組織にとって強みであり、持続可能な企業固有能力（sustainable distinctive competencies）なのである。

　以上が VRIO フレームワークの説明であるが、その中で組織に関する非常に貧弱な組織しか持ち合わせないと、本来は標準を上回る利益をあげられる企業が、標準さらには標準を下回るレベルのパフォーマンスに終わることすらあり得る問いは、VRIO フレームワークにおいては調整項目として機能する。

　既に述べたように、インダストリアル・マーケティングの中心的役割を演じるのが関係性マーケティングである。近年、戦略論において関係性のように見えざる資産(注1)の重要性が指摘されていることから、見えざる資産の重要性を指摘する資源ベース・アプローチの代表的論者であるバーニーの VRIO 分析について論じたが、いかに売り手と買い手において価値があり、稀少で、模倣困難な関係性を構築できるかであり、そして支える組織が整っているかである。その戦略を考える上で重要な点は、目に見えないものをいかに見えるものにするかという可視化の課題である。このような課題に対しては、従来の測定手法ではなく、新たな測定手法が必要となる。この点から今後、インダストリアルマーケティングにおける売り手―買い手関係戦略において考えることが重要であると考える。

（注）
（1）見えざる資産について、伊丹らは「見えざる資産とは、技術やノウハウの蓄積、顧客情報の蓄積、ブランドや企業への信頼、細かな業務をトータルにきっちりと実行できる仕組みやシステム、生き生きとした組織風土など、企業が持っている『目に見えない』資源のことである」と述べている［参考文献（6）、p.i］

（参考・引用文献）
（1）　青島矢一、加藤俊彦「競争戦略論（2）」『一橋ビジネスレビュー』、第48巻3号、東洋経済新報社、2000年、pp.108-121。

（2） 浅羽茂『経営戦略の経済学』、日本評論社、2004年。
（3） 池尾恭一、青木幸弘、南知惠子、井上哲浩『マーケティング』、有斐閣、2010年。
（4） 石井淳蔵、嶋口充輝編『営業の本質』、有斐閣、1995年。
（5） 石井淳蔵「営業のジレンマ」石井淳蔵、嶋口充輝編『営業の本質』、有斐閣、1995年、pp.11-35。
（6） 伊丹敬之、軽部大編『見えざる資産の戦略と論理』、日本経済新聞社、2004年。
（7） 小野譲司「マーケティングにおける信頼」『マーケティング・ジャーナル』、第63巻、1997年、pp.93-100。
（8） 金顕哲『日本型マーケティングの再構築』、大学出版社、1998年。
（9） 金顕哲「営業の関係理論」石井淳蔵、嶋口充輝編『営業の本質』、有斐閣、1995年。
（10） 金顕哲「関係性の実践メカニズム　●株式会社ハウス・オブ・ローゼ」嶋口充輝、竹内弘高、石井淳蔵編『マーケティング革新の時代1　顧客創造』、有斐閣、1998年。
（11） 小林一「戦略的マーケティングの理論的基礎」『明大商学論叢』、第84巻第1号、2002年、pp.93-110。
（12） 斉藤保昭「インダストリアル・マーケティングにおける売り手―買い手関係に関する基礎的考察」『商学研究論集（明治大学大学院）』、第10号、1999年、pp.351-362。
（13） 斉藤保昭「関係性マーケティング論の研究の方向性」『企業診断』、Vol.48. 2001年、pp.54-59。
（14） 斉藤保昭、夷石多賀子『最新　現代マーケティング全集―新しい潮流／諸問題と関連法規6』、2001年。
（15） 斉藤保昭「インダストリアル・マーケティングにおける関係性診断に関する基礎的研究」『日本経営診断学会研究論集①』、2001年、pp.213-222。
（16） 佐々木利廣「組織間関係の安定と変動（Ⅲ・完）―境界連結単位を中心として」『経済経営集』、第19巻第4号1985年、pp.192-214。
（17） 佐々木利廣『現代組織の構図と戦略』、中央経済社、1990年。
（18） 猿渡敏公『マーケティング論の基礎』、中央経済社、1999年。
（19） 嶋口充輝、石井淳蔵著『現代マーケティング（新版）』、有斐閣、1995年。

(20) 嶋口充輝『柔らかいマーケティングの論理』、ダイヤモンド社、1997年。
(21) 嶋口充輝、竹内弘高、片平秀貴・石井淳蔵編『マーケティング革新の時代1　顧客創造』、有斐閣、1998年。
(22) 高嶋克義「産業財マーケティング論の現状と課題」『経済論叢』、第142巻第1号、1988年、pp.133-154
(23) 高嶋克義「産業財マーケティング論」『マーケティング・ジャーナル』、45号、1992年、pp.55-56。
(24) 高嶋克義『生産財の取引戦略―顧客適応と標準化―』、千倉書房、1998年。
(25) 高嶋克義、南智恵子『生産財マーケティング』、有斐閣、2006年。
(26) 中橋国蔵、柴田伍一責任編集『経営戦略・組織辞典』、東京経済情報出版、2001年。
(27) 西村務『新しい生産財マーケティング』、プレジデント社、1992年。
(28) 南知恵子『リレーションシップ・マーケティング』、千倉書房、2005年。
(29) 南知恵子「関係性マーケティング」、池尾恭一、青木幸弘、南知恵子、井上哲浩『マーケティング』、有斐閣、2010年、pp.529-548。
(30) 矢作敏行『現代流通』、有斐閣、1996年。
(31) 山倉健嗣「組織間関係の分析枠組―組織セット・モデルの展開―」『組織科学』、第11巻第3号、1977年、pp.62-73。
(32) 余田拓郎『カスタマー・リレーションの戦略論理』、白桃書房、2000年。
(33) 余田拓郎『B to B マーケティング』、東洋経済新報社、2011年。
(34) 若林直樹『日本企業のネットワークと信頼』、有斐閣、2006年。
(35) 和田充夫「リレーション・マーケティング」、和田充夫、恩蔵直人、三浦俊彦『マーケティング戦略』、有斐閣、1996年、pp.318-336。
(36) 和田充夫『関係性マーケティングの構図』、有斐閣、1998年。
(37) 渡辺達朗『流通チャネル関係の動態分析』、千倉書房、1997年。
(38) Barney. J. B., "Firm and Sustained Competitive advantage", *Journal of Management*, Vol.17,, No.1, 1991, pp.99-120.
(39) Barney. J. B., *Gaining and Sustaining Competitive Advantage*, Addition-wesley Publishing Company Inc, 1996.
(40) Barney. J. B., *Gaining and Sustaining Competitive Advantage*, Second Edition, 2001. prentice Hall.（バーニー著、岡田正大（訳）『企業戦略論 上』、ダイヤモンド社、2002年。）

(41) Dwyer, F. R., P. H. Schurr, and Sejo Oh, "Developing Buyer-Seller Relationships," *Journal of Marketing* vol.51 No.2, 1987, pp.11-27.

(42) Fontenot, R. J. and E. J. Wilson, "Relational exchange：A Review of Selected Modelsfor a PredictionMatrix of Relationship Activities" *Journal of Business Research*,Vol.39,1997 pp.5-12.

(43) Hakansson, H, ed, *International Marketing and Purchasing of Industrial Goods*, John Wiley & Sons, 1982.

(44) Levitt, T., "After the Sales is Over" *Harvard Business Review*, Sept-Oct, 1983, pp.87-93.（レビット「売り手にとって欠かせぬ買い手との関係強化」『ダイヤモンド・ハーバード・ビジネス』、1984年1月号、pp.4-12。）

(45) Morgan, Robert M.and S. D. Hunt, "The Commitment-Trust Theory of Relationship Marketing," *Journal of Marketing*, Vol.58 No.3, 1994, pp.20-38.

(46) Sheth, J. N. and A. Parvatiyar（eds）*Handbook of Relationship Marketing*, Sage publication, 2000.

(47) Webster, F. E. Jr., *Industrial Marketing Srategy Third Edition*, John Wiley & Sons, 1991.

第6章　現代マーケティングの論理

第1節　現代マーケティングの論理への転換点

　そこで、これまでのマーケティング研究を振り返りながら現代のマーケティングの論理について考察することが本章の目的である。なお、本書におけるマーケティングの論理という用語であるが、マーケティングにおけるものの見方という意味で使用することとする。

　そこで、1990年代のマーケティング論を取り巻く状況から回顧し、それを足がかりにして現代マーケティングの論理をあきらかにしたいと考える。

　1995年2月発行の一橋大学産業経営研究所編集の『ビジネス　レビュー』(Vol.42 No.3) は、「マーケティングの新潮流」を特集のテーマとしているが、その中の石井淳蔵、田村正紀、嶋口充輝の論文を考察することで、1990年代のマーケティング論を取り巻く状況を回顧することとする。

　まず、最初に石井淳蔵の論文であるが、石井は、伝統的マーケティング論は、少なくとも（1）消費者は独立した欲求をもつという人間観に従う、（2）目的合理性の前提、（3）実体と表象あるいは本質と現象とを分けてする議論、そして現実を実体あるいは本質に還元して理解しようとする論理、（4）論理実証主義の科学方法論が支配的である、という以上の四つの要素からなるいわば壮大な神話体系であることを指摘した［参考文献（1）、pp.30-43］。

　次に田村正紀の論文であるが、田村は、従来のマーケティングの基本範型は、市場支配力にもとづき、また長期的にはその強化を目指すマーケティング行動体系としてのマーケティングであるパワー・マーケティングであり、

それが有効ではなくなってきており、メーカー・マーケティングの再構築が叫ばれているとし、再構築は、メーカー・マーケティングの基本範型そのものの転換として行う必要があるとし、その再構築は、マーケティング取引における行為調整を当事者間の事前的・双方的な了解にもとづいていて行うことを指向する対話型コミュニケーションをキーワードとして、その行動体系を全面的に洗いなおすことから再出発する必要があるとした［参考文献（10）、pp.1-13］。

　最後に嶋口充輝の論文であるが、嶋口は、この時期のように市場と企業とが共生・流動的に一体化し、ともに変質・変容していく時代には、双方のインタラクションそのものに焦点をあてた市場観やマーケティング行動研究が必要になるとし、この双方のインタラクション行動を、企業の立場から、主体的にマネージする行為をインタラクティブ・マーケティングと捉え、必要になる方法として、企業が顧客と同じ視点で主体的に交流しながら、連続的に、投げ掛け―偶発発見―取り込みを繰り返し、共創価値を高めていくことであるとした［参考文献（7）、pp.14-29］。

　以上のように、三人のいずれの論者も1990年代前半のこの時期に伝統的なマーケティング論に対する限界を指摘し、マーケティング論の再構築の必要性を論じていることが理解できる。また、この時期より遅れて、上原征彦は、売り手が、買い手に製品コンセプトを提案し、これを彼らに選択してもらうために、自らが意図した方向に買い手を操作することを目的としたマーケティングを操作型マーケティングとし、消費者が財の生産過程に直接介在するシステムのもとで消費者と企業との協働関係が構築され、その関係の中で両者による価値創造活動が展開されるといった相互制御行為（協働行為）の展開を指すマーケティングを協働型マーケティングとし、来たるべき時代には、協働型マーケティングと操作型マーケティングが併存する、という予想が成り立つことを述べた［参考文献（6）、pp.245-295］。田村の対話型コミュニケーション、嶋口のインタラクティブ・マーケティング、上原の協働型マーケティングの提案のいずれにも売り手と買い手との相互作用を通じてマー

ケティング活動の意思決定が行われるという論理が展開されている。これらは、ある意味で売り手と買い手の関係性を重視する考え方と思われることから1990年代のこの時期に出現した関係性マーケティング論の範疇に属する考え方であるといえる。田村、嶋口、上原の提示した論理が現代マーケティングの論理の中に脈々とつながっているように思われる。その流れは、近年、マーケティング分野における新しい支配的な論理（dominant logic）として主張されているヴァーゴらによるサービス・ドミナント・ロジック（service-dominant logic）の中にも見出せる。次節において、このサービス・ドミナント・ロジックの検討を通じて、現代マーケティングの論理について考えていくこととする。

第2節　現代マーケティングの論理へのサービス・ドミナント・ロジックからの接近

2004年にヴァーゴ（S. L. Vargo）らによるサービス・ドミナントによる論文（"Evolving to a new dominant logic for marketing"）が発表された［参考文献(23)、pp.1-17］後、大きな反響があり、現在までにさまざまな議論がなされている［参考文献(14)、pp.65-66、(2)、pp.5-6］。本節において、このサービス・ドミナント・ロジックの検討を通じて、現代マーケティングの論理について考えることとする。

ヴァーゴらは、「マーケティングは、有形の生産物（tangible output）と離散的取引（discret transactions）が中心であった財支配的な視点（goods-dominant view）から無形性（intangibility）、交換プロセス（exchange processes）、関係性（relationships）が中心であるサービス支配的な視点（service-dominant viw）へと移行している。」と述べ［参考文献(23)、p.15］、伝統的な財中心のパラダイムに取って代わる可能性を持つものとしてサービス・ドミナント・ロジックの議論を展開していった。彼らは、オペレーションまたは活動が効果を生むために遂行される資源であるオペランド資源（operand resources）と効果を生む資源であるオペラント資源（operant resource）の概念を援用して、図表6-1の

ように伝統的な財中心の支配的論理と出現しつつあるサービス中心の支配的論理について比較した。そして、サービス・ドミナント・ロジックを展開するにあたりヴァーゴらは、次の10の基本的な前提を提示し、解説した［参考文献（24）、pp.1-10］。

図表6-1　オペランド資源とオペラント資源からの財中心の支配的論理とサービス中心の支配的論理との相違

	伝統的な財中心の支配的論理	出現しつつあるサービス中心の支配的論理
交換の主要単位	人は財を交換する。それらの財は主にオペランド資源である。	人は専門化された能力（知識とスキル）のベネフィット、またはサービス（services）を獲得するために交換する。知識と技能はオペラント資源である。
財の役割	財はオペランド資源であり最終製品である。マーケターたちは材料（matter）を得て、その形態、場所、時間、所有を変える。	財はオペラント資源（埋め込まれた知識）の伝導物（transmitters）である；財は価値創造プロセスの装置（appliances）として他のオペラント資源（顧客）によって用いられる中間の"製品"である。
顧客の役割	顧客は財の受取人である。マーケターたちは、顧客に対して物事をなす；顧客を細分化し、顧客に入り込み、顧客に流通させ、顧客にプロモーションを行う。顧客はオペランド資源である。	顧客はサービスの共同生産者である。マーケティングは顧客との相互作用の中で物事をなすプロセスである。顧客はときおりオペランド資源として機能するだけで主にオペラント資源である。
価値の決定と意味	価値は生産者によって決められる。価値は、オペランド資源（財）の中に埋め込まれ"交換価値（exchange-value）"の点から定義される。	価値は"使用価値（value in use）"に基づき消費者によって知覚され決められる。価値はオペランド資源を通してときおり渡されたオペラント資源の有益な適用から生じる。企業は単に価値提案するだけである。
企業―顧客の相互作用	顧客はオペランド資源である。顧客は資源を用いて取引を創造するために行為する。	顧客は主にオペラント資源である。顧客は関係的交換と共同生産における積極的な参加者である。
経済成長の源泉	富は余剰の有限資源と財から得られる。富はオペランド資源を所有し、統制し、生産することから成る。	富は専門化された知識とスキルの適用と交換を通して得られる。富はオペラント資源の将来の使用のための権利を表す。

（出所）Vargo Stephen L. and Robert F.Lusch, "Evolving to a new dominant logic for marketing," Journal of Marketing, Vol.68 No.1, 2004, p.7.を著者訳。

（前提１） サービス（service）は交換の基本的な基盤（basis）である。

サービス・ドミナント・ロジックの中で定義される"サービス（service）"であるオペラント資源（知識とスキル）はあらゆる交換の基盤である。サービスはサービスと交換される。

（前提２） 間接的交換は交換の基本的な基盤を隠す。

サービスは財、貨幣、制度の複雑な組み合わせを通して提供されるので、交換に関するサービスの基盤は必ずしも明らかではない。

（前提３） 財はサービスの提供のための流通メカニズムである。

財（耐久財と非耐久財）は使用を通しての価値─財が提供するサービスを導き出す。

（前提４） オペラント資源は競争優位の基本的源泉である。

望ましい変化を引き起こす、相対的な能力（comparative ability）が競争を引き出す。

（前提５） あらゆる経済はサービス（service）経済である。

（単数の）サービス（service）のみが専門化とアウトソーシングが増加するとともに今、顕著になりつつある。

（前提６） 顧客は常に価値の共同創造者（co-creator）である。

価値創造は相互作用的であることを意味する。

（前提７） 企業は価値を受け渡すことはできないが、価値の提案のみ提示できる。

企業は価値提案の受け入れに従いながら価値創造のために適用された資源を提供し共創的（collaboratively）（相互作用的）に価値を創り出すことができるが、独立して価値の創造と受け渡しまたはどちらか一方をすることはできない。

（前提８） サービス中心の見方は本質的に顧客志向であり、関係的である。

サービス（service）は顧客の決めたベネフィットの点から定義され共創されるので顧客志向であり、関係的である。

（前提９） あらゆる社会と経済行為者は資源の統合者である。

価値創造の文脈は複数のネットワークのネットワーク（資源の統合者）であることを意味する。

（前提10） 価値は常に独特（uniquely）で現象学的（phenomenologically）に決定される。

価値は特有であり、経験的であり、文脈的であり、意味が含まれているものである。

以上がサービス・ドミナント・ロジックを展開するにあたってのヴァーゴらによって提示された10の基本的な前提であるが、井上崇通は、「企業が提供するすべての製品・サービスは、顧客との共創の上に成り立っている。製品・サービスの価値は、『消費プロセス』にいる顧客によって、つまり使用を通じてのみ創出され決定される。消費の現場は企業と顧客との共創の場であり、顧客が製品・サービスを利用してくれている現場こそ生産プロセスの最終過程であるという認識である」という発想こそサービス・ドミナント・ロジックの主張点であると述べている［参考文献（3）、p.48］が、サービス・ドミナント・ロジックの中で定義される"サービス（service）"であるオペラント資源（知識とスキル）はあらゆる交換の基盤であって、顧客は価値の共同創造者であり、価値創造は相互作用的であるという点に、このサービス・ドミナント・ロジックの核となる考え方があると考える。これは、先に述べた田村の対話型コミュニケーション、嶋口のインタラクティブ・マーケティング、上原の協働型マーケティングの流れに位置するものと考えられる。そして、彼らが前提8で、サービス中心の見方は本質的に顧客志向であり、関係的であると述べているように、第1章におけるマーケティング・コンセプトと現代マーケティング論の潮流との関わりでいえば、基本は顧客志向でそれに関係的志向が加味されたものであり、現代マーケティングの潮流でいけばマネジリアル・マーケティングまたはマーケティング・マネジメントから関係性マーケティングまで重層的に展開された一連の流れとして位置づけることができる。あくまでも財中心の支配的論理からサービス中心の支配的論理

に代わったといえども過去をすべて否定したものではないと考える。

第3節　現代マーケティングの論理への定義からの接近

　以上のように、1990年代を境として現代マーケティングの論理が変化してきたことがうかがわれる。それは、アメリカ・マーケティング協会の定義の変遷を見てもあきらかである。第1章で定義をすることは、研究対象を限定することであり、定義が変わるということは、現象との間に何かギャップが生じたからであると述べたが、そこには、マーケティングの論理の変化も見い出せると考える。

　第1章でも述べたように、アメリカ・マーケティング協会は、1935年、48年、60年、85年、そして、2004年と07年の計六回、定義の発表を行った。現代マーケティングの論理を考える上で2000年代に入り発表された2004年と2007年の定義を考察することとする。その定義は、以下の通りである。

　2004年の定義

　「マーケティングとは、顧客に対し、価値を創造したり、伝達したり、受け渡したりし、かつ組織とステークホルダー（利害関係者）に便益を提供するように、顧客関係性を管理するための組織の機能であり、一連のプロセスである」（Marketing is an organizational function and a set of processes for creating, communicating and delivering value to customers and for managing customer relationships in ways that benefit the organization and its stakeholders）

　2007年の定義

　「マーケティングとは、顧客、クライアント、パートナー、社会全体にとって価値のある提供物を創造し、伝達し、受渡し、交換するための活動であり、一連の制度、そしてプロセスである。」（Marketing is the activity, set of institutions, and processes for creating, communicating, delivering, and exchanging offerings that have value for customers, clients, partners, and society at large.)

　2004年の定義についてダロッシュ（Darroch）らは、定義の焦点として、①マーケティングは組織の機能であって、個人の機能ではない ②マーケティングの目的は価値を創造すること ③あらゆるステークホルダーとの関係性を管理することの重要性の三点をあげている［参考文献（21）、p.31］が、1985年から19年後に発表された2004年の定義は、ステークホルダーの視点を導入し、あらゆるステークホルダーへの配慮を含む最初の定義であるという点で１つの大きな転換点であった。関係性マーケティングは、企業を取り巻くさまざまなステークホルダーとの関係に注目しているが、1990年代のリレーションシップ（関係性）の論議の高まりがあり、その結果、ステークホルダーの視点が定義に導入されたと考えられる。

　従来、マーケティングにおいて、主に顧客という一つのステークホルダーにその対象が向けられていたが、2004年の定義は、ある意味において新たなマーケティングの境界拡張のように思われる。次に2007年の定義であるが、2004年との定義の主要な変更点は次の通りである［参考文献（25）、p.275］。

（１）　2004年の定義にある"マーケティングは組織の機能である"というフレーズであるが、2007年の定義から"組織の機能"という言葉が除外された。
（２）　2007年の定義では"マーケティングは活動である"ということを明確にされた。
（３）　2004年の定義では"一連のプロセス"というフレーズであったが、2007年の定義では、"一連の制度、プロセス"に代えられた。
（４）　2004年の定義では"創造し、伝達し、受け渡す"ということは、含まれていたが、"交換する"は含まれていなかったが、2007年の定義では含まれた。
（５）　2004年の定義では価値を含んでいたが、その概念はあいまいなまま

であり、2007年の定義では価値を持つ提供物（offerings）に焦点を合わせた。そのことで組織は、何を創造し、伝達し、受渡し、交換するかが明らかにされた。
（6） 2004年の定義では"組織とそのステークホルダーに便益を提供するように顧客関係性を管理するため"というフレーズが含まれていたが、2007年の定義では除外された。
（7） 2007年の定義では提供物は"顧客、クライアント、パートナー、社会全体"にとって価値を持つことが主張された。なお、2004年の定義にあった"ステークホルダー"という概念は"社会全体（society at large）"という言葉に、組み入れられた。

以上が定義の主要な変更点であるが、2004年からわずか3年後の改定ということもあり基本的には2004年の定義の延長線上にある改定であったと考える。ただ、マーケティングを、顧客、クライアント、パートナー、社会全体にとって価値のある提供物を創造し、伝達し、受渡し、交換するための活動であると端的に表現した点に特質すべき点があると考える。1990年代に現代マーケティングの論理への変換点があったことを指摘し、田村の対話型コミュニケーション、嶋口のインタラクティブ・マーケティング、上原の協働型マーケティング、ヴァーゴらによるサービス・ドミナント・ロジックについて論じてきたが、これら一連の流れの中に2007年の定義があると考える。

第4節　現代マーケティングと価値創造

マーケティングの中心概念は交換であることは既に述べたが、1990年代に入り、交換概念に代わり、売り手と買い手との関係性こそが、マーケティングの中核概念となり得るかどうかの議論が活発化し［参考文献（15）、p.101］、疑問が投げかけられた。このような交換概念について疑問が投げかけられる契機となったのが、関係性マーケティングの出現である。先述したように関

係性マーケティングの出現により、単発的交換から長期的・継続的交換関係に時間概念が変化したことを指摘したが、和田は、「関係性マーケティングは、基本的に潜在需要を前提としないマーケティングである。これまで、マネジリアル・マーケティングは、潜在需要の存在を前提とし、これに適合（fit）することを戦略立案の目的としてきた。これを前提としない関係性マーケティングの戦略展開の目的は、企業と消費者（あるいは顧客）との相互作用（interact）である。企業と消費者の双方に潜在需要が見つからないのであれば、双方が相互作用を繰り返すことによって需要を創ろうというのである。すなわち、関係性マーケティングの中核概念は、企業と消費者とによる価値共創（需要共創）である。」と述べた［参考文献（20）、p.4］。このような考え方は、顧客は価値の共同創造者であり、価値創造は相互作用的であるという点を核とするサービス・ドミナント・ロジックにもみられる。この点が現代マーケティングの論理を考える上で重要な点であることは確かである。先にも述べたように、マーケティングの難しさは、自分の意のままにならない他者を相手にしていることにある。近年、自分の意のままにならない他者である消費者ないし顧客が見えなくなっているとよく言われる。相互作用による価値創造は、ある意味において、見えないモノを見えるモノにする行為であるといえる。1990年代以前のマーケティングの論理は、顧客の欲するものを提供するという顧客志向が基盤となった論理であり、現在も顧客志向の重要性は変わらないものであるが、1990年代以降特に現代におけるマーケティングの論理は関係性を軸とした顧客との相互作用による価値創造が強調される論理となっているといえる。村松は、マーケティングは、「近づくマーケティング」から「一緒のマーケティング」に向けて大きな転換期にあるとし、これまでのマーケティング研究は志向論的マーケティング研究であったと規定し、今後の研究は顧客起点とした起点論的マーケティング研究として為されるべきであるとしている［参考文献（16）、p.(1)］。さらに、彼は、「これまでのマーケティング研究は、消費者志向を標榜しながらも、単なる理念の表明に終わってきたが、新しい顧客起点の考え方は、企業と顧客による価

値共創を内実としており、そこで創り出される価値が顧客価値であることから、すべてのマーケティングは、顧客起点のもとで考えることになる。すなわち、それは、これまでのマーケティング研究における『空虚感』からの開放を意味するのであり、ここに新しいマーケティング研究の始まりがあるといえる」と述べた［参考文献（16）、p.23-24］。しかし、確かに起点論的マーケティング研究の重要性は、理解できるが、志向論的マーケティング研究と起点論的マーケティング研究は、代替的であり補完的なものと考えることから今後も併存して研究が進展していくものと考える。

　以上、現代マーケティングの論理について考えてきたが、そこには一つのキーワードが浮かび上がってくる。それは「共生」という言葉である。共に生きていくことで価値を創造していくという意味で、「共生」という概念が、現代マーケティングの論理に色濃く反映されているのではないだろうか。現代マーケティングの論理と共生については、次節で述べることとする。

第5節　現代マーケティング論における共生の位置

　前節までに述べてきたように、現代マーケティングについて考えた時に、そこには一つのキーワードが浮かび上がってくる。それは「共生」という言葉である。そこで、現代マーケティング論における共生の位置づけについてあきらかにすることが本節の目的である。

［1］　共生概念について

　現代では　共生という言葉は多方面で使われている言葉である。英語表現としては、"symbiosis" "conviviality" "living together" があるが、その点について「人間生態学の用語としては、競争の無意識的な結果として生じる競争的協同、すなわち、自然的な相互依存と分業をいう。この共生（symbiosis）の関係を人間生態学ではコミュニティと呼ぶ。またイリイチのいう共生

(conviviality) とは、人間と環境の自律的・創造的な関係やその関係における個人の自由の実現をいう。さらに、共生 (living together) は、異質な文化をもつ民族・人種がその異質性を認めあいつつ適応する共存を意味することもある」と説明している［参考文献 (13)、p.120］。広辞苑によると、「共生とは、①ともに所を同じくして生活すること。②異種の生物が行動的・生理的な結びつきをもち、一所に生活している状態。共利共生（相互に利益がある）と、片利共生（一方しか利益をうけない）とに分けられる。寄生も共生の一形態とすることもある」としている［参考文献 (11)、p.120］。

共生という概念はもともと生物学でおもに使用してきた概念である［参考文献 (5)、p.18］。生物学において、共生は、「異種の生物が一緒に生活している (living together) 現象。この場合、互いに行動的あるいは生理的に緊密な結びつきを定常的に保っていることを意味するのがふつうである。したがって、同じ生息場所にすんでいる (co-existence, co-habitation) だけでは、この概念には入らない」としている［参考文献 (18)、p.319］。沼田眞によれば、共生は、生物の教科書では寄生 (parasitism) と対比的に使われることが多く、地衣類における藻類と菌類の関係のような、緊密な結合をもって生活しているものを考えるのがふつうであるが、もっと幅広いものであるとし、(1) 中立関係 (neutralism)、(2) 相害関係 (disoperation)、(3) 相利関係 (mutualism)、(4) 片利関係 (commensalism)、(5) 片害関係 (amensalism)、(6) 掠奪関係 (exploration) のように6つのパターンに示し、寄生は (6) の掠奪に、共生は (3) の相利共生に含めることができるとした［参考文献 (12)、p.18］。

尾関周二は、人間社会における「共生」は、お互いの文化や生活様式や由来などの違いを理解し、相手を排除したり一方的に同質化することなく、積極的な互いの接触を通じて共によりよく生きていこうとする志向をもつことであると述べ、人間の間の「共生」は、「共存」や「共棲」と違って、異文化理解に象徴されるように、コミュニケーションの意義が大きいものとなると指摘している［参考文献 (5)、p.20］。

第5節　現代マーケティング論における共生の位置　　103

　共生という言葉を分解すると"ともに生きる"ということであるが、その点に関し、井関利明は、相手との結合や関係を重視することであり、そこでは人間同志は言うまでもなく、人間以外のすべての存在に対しても、独善的行動は排斥され、他との関わりあいにおいて、人は生きており、この観念の中核には、エンパワーメント（empowerment）があるとし、共生の根本には相互の関わりあいを重視する姿勢があるとしている［参考文献（4）、p.9］。

　なお、エンパワーメント（empowerment）について、井関は、「単に権限や地位を与えることではありません。立場の異なる同士が、目線を合わせてダイアログをし、コミュニケーションを通して新しい価値を創りだすことです。相手に、潜在能力を発揮し自己表現をする機会を与え、そのための条件を整えてやることです。それは、相手に力（パワー）を与えることです。相手に力を与える行為を通じて、自らもまた力を獲得するのです。潜在力の相乗効果を『関係づくり』を通して実現することなのです」と述べている［参考文献（4）、p.9］。

　三上富三郎は、あるべき共生概念として、「開かれたオープンシステムの中で、システム内の諸矛盾を超克し、さまざまな異質のものの共存の承認の上に新しい結合関係の樹立をめざし、それが相互のもたれ合いではなく、《自立》との緊張関係を内容とするものだ」としている［参考文献（19）、p.51］。

　以上、共生概念についてみてきたが、本書では以上の論議を踏まえ、共生については、「お互いの違いを理解し、相互の関わり合いを重視し、相互のもたれ合いではなく、相互に緊張関係をもち、積極的に相互作用しながら共によりよく生きていくことである」とし、以後、論を展開することとする。

［2］　現代マーケティング論における共生の位置

　先にも述べたように、1990年代以前のマーケティングの論理は、顧客の欲するものを提供するという顧客志向が基盤となった論理であり、現在も顧客志向の重要性は変わらないものであるが、1990年代以降特に現代におけるマ

ーケティングの論理は関係性を軸とした顧客との相互作用による価値創造が強調される論理となっているといえる。では、現代マーケティングにおいて共生はどのような位置づけにあるのかを検討することとする。

　先に、共生概念を検討して、本書における、共生概念を「お互いの違いを理解し、相互の関わり合いを重視し、相互のもたれ合いではなく、相互に緊張関係をもち、積極的に相互作用しながら共によりよく生きていくことである」とした。

　先にも述べたように1990年代以降特に現代におけるマーケティングの論理は関係性を軸とした顧客との相互作用による価値創造が強調される論理となっているといえる。そこにおけるキーワードは、「関係性」、「相互作用」、「価値創造」である。これらのキーワードと共生概念を照らしてみると明らかに符合することが理解できる。つまり、お互いの違いを理解し、相互の関わり合いを重視するということは、「関係性」の考え方であり、相互に緊張関係をもち、積極的に相互作用するということは、「相互作用」の考え方であり、共によりよく生きていくということは、「価値創造」という考え方である。まさに、現代のマーケティングの論理の中に共生という考え方が中心的な存在として根付いていると考える。

　わが国において、マーケティングと共生についての初期の研究者の一人に三上富三郎がいる。三上は、1995年7月に亡くなったが、その年の2月に『共生のマーケティング序説』と題する論文を発表した［参考文献（19）、pp45-60］。序説的性格を持った論文ではあったが、現在のマーケティングと共生を考える上で示唆に富んだ論文である。

第5節　現代マーケティング論における共生の位置

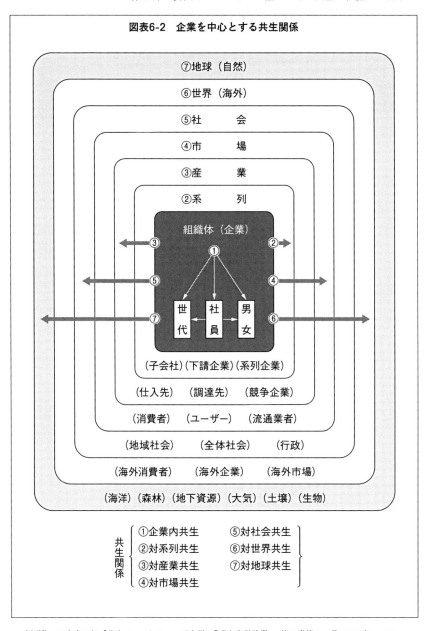

図表6-2　企業を中心とする共生関係

(出所)　三上富三郎「共生のマーケティング序説」『明大商学論叢』、第77巻第3・4号、1995年、p.56。

三上は、前にも述べたように、あるべき共生概念として、「開かれたオープンシステムの中で、システム内の諸矛盾を超克し、さまざまな異質のものの共存の承認の上に新しい結合関係の樹立をめざし、それが相互のもたれ合いではなく、《自立》との緊張関係を内容とするものだ」とし、図表6-2のように企業を中心とする共生関係のモデルを提示し、①組織体（企業）内の共生関係、②対系列共生、③対産業共生、④対市場共生、⑤社会共生、⑥対世界共生、⑦対地球共生の７つを企業を中心とした共生関係とした。

①の組織体（企業）内の共生関係として、社員との共生、同じ社員の中でも男女の共生、世代間の共生があり、②の対系列共生とは、企業が直接的に支配の及ぶ系列企業、下請け企業、子会社等の共生であり、③の対産業共生は、企業が属する産業の中で直接にコンタクトをもつ、相手方、主として仕入先、調達先、競争企業との間の共生であり、④の対市場共生は、製品・サービスを供給する市場の中での共生であるから、その対象は消費者、ユーザー、流通業者が中心になり、⑤の対社会共生は、市場よりもさらに広域な社会で、地域社会、全体社会、行政といった対象との間の共生であり、⑥の対世界共生は、インターナショナルな次元において、海外消費者、海外企業、海外市場との間の共生が問題となり、⑦の対地球共生は、地球環境、自然環境のすべてが共生の対象になるとした。そして、三上は、この論文の最後に共生マーケティングの展開と課題について、４点を提示した。それぞれの主旨を要約すると次のようになる。

（１）企業を中心とする共生関係において、中心に位置する①の組織体（企業内）の共生は、旧式表現では、人事労務問題として検討されることからマーケティングの枠外におき、外方に拡がっていく②の対系列から⑦の対地球（自然）までのすべての領域は共生マーケティングの対象となってくる。

（２）『ニッチ・マーケティング（niche marketing）』は、共生マーケティングの分野として研究するべきである。

（3）『リレーションシップ・マーケティング（relationship marketing)』と共生マーケティングとのかかわりでどう扱っていくか、さらにこの問題と関連して、いわゆる『生販同盟』とか『流通における戦略同盟』といったテーマが、共生マーケティングの軌道の中に取り入れられるかどうかについては、今後の課題とする。

（4） 環境マーケティングとの問題で、アメリカにおける CEP (the council on Economic Priorities) により刊行されている"Shopping for a Better World"に示されている消費者が買物にあたっての企業に対する総合的評価基準は、共生マーケティングにとっても重要な指針になるのではないか。

以上が三上が1995年に提示した共生のマーケティングの展開と課題であるが、これに対する筆者の考えを提示することで本章のむすびとしたい。(3)のリレーションシップ・マーケティングのかかわりであるが、現代のマーケティングの論理の中に共生という考え方が中心的な存在として根付いていることを指摘した。この点から考えてもリレーションシップ・マーケティングは、共生概念と結びつくものであり、『生販同盟』も『流通における戦略同盟』も先に提示した共生概念から考えても結びつくものである。(4)の環境マーケティングとのかかわりであるが、2000年以降企業が社会の一員として存続するために、社会的な公正さや環境への配慮を活動のプロセスに組み込む責任を指すCSR (Corporate Social Responsibility) の論議が高まっている。谷本は、「CSRとは、企業活動のプロセスに社会的公正性や倫理性、環境への配慮などを組み込み、ステークホルダー：株主、従業員、顧客、環境、コミュニティなどに対しアカウンタビリティを果たしていくことである。その結果、市場社会から支持、信頼を得て、経済的・社会的・環境的パフォーマンスの向上につながっていくことが期待される」と述べている［参考文献(9)、p.4］が、このような議論が新たなマーケティングの課題となりつつあるが、この点も共生概念と結びつくものである。(3)のニッチ・マーケテ

ィングは、ニッチとは「適所」「棲み分けの場所」である点を考えば、共生概念とむすびつくものである。最後に（1）の②の対系列から⑦の対地球（自然）までのすべての領域は共生マーケティングの対象となってくると言う点であるが、リレーションシップ・マーケティングもCSRも基本的な姿勢としてあらゆるステークホルダーに対する配慮にあることから考えて、外方に拡がっていく②の対系列から⑦の対地球（自然）までのすべての領域を対象とすることは、理解できるが、現在、組織内部のマーケティングであるインターナルマーケティングが重要になっていることを考えると①の組織体（企業）内の共生も加えるべきであり、最終的に①の組織体（企業）内の共生から⑦の対地球（自然）までのすべての領域が対象となってくると考える。

　以上が、三上の提示した共生のマーケティングの展開と課題に対する現時点での筆者の考えであるが、少なくとも現代のマーケティングは、かつて三上が指摘したような方向で展開してきている。コトラー（Kotler）らは、製品中心のマーケティング（product-centric marketing）を「マーケティング1.0」、消費者志向のマーケティング（consumer-oriented marketing）を「マーケティング2.0」、価値駆動のマーケティング（value-driven marketing）を「マーケティング3.0」とし、マーケティング3.0を協働マーケティング（collaborative marketing）、文化マーケティング（cultural marketing）、スピリチュアル・マーケティング（spiritual marketing）の融合であると位置づけた「マーケティング3.0」の考え方を提唱している［参考文献（22）］。このコトラーの主張については、今後の検討課題とするが、「Quo vadis, marketing？（マーケティングはどこにいくのか？）」。この問いに対して、先に提示した「お互いの違いを理解し、相互の関わり合いを重視し、相互のもたれ合いではなく、相互に緊張関係をもち、積極的に相互作用しながら共によりよく生きていくことである」という共生概念を基盤としたマーケティングが展開されるものと考える。

第5節　現代マーケティング論における共生の位置

〈参考・引用文献〉

（１）　石井淳蔵「消費のルールとマーケティングの意義」『ビジネス　レビュー』、Vol.42 No.3、1995年、pp.30-43。
（２）　井上崇通「S-Dロジックの台頭とその研究視点」井上崇通、村松潤一編著『サービス・ドミナント・ロジック―マーケティング研究への新たな視座―』、同文館、2010年、pp.3-16。
（３）　井上崇通『消費者行動論』、同文館、2012年。
（４）　井関利明「総論・ともに生きる」、大乗淑徳学園編『共生』、大乗淑徳学園、1993年、pp.8-11。
（５）　尾関周二「共生理念と共生型持続社会への基本視点」、矢口芳夫、尾関周二編『共生社会システム学序説―持続可能な社会へのビジョン』、青木書店、2007年、pp.10-45。
（６）　上原征彦『マーケティング戦略論』、有斐閣、1999年。
（７）　嶋口充輝「インタラクティブ・マーケティングの成立条件と課題―マーケティングのニュパラダイムを求めて―」『ビジネス　レビュー』、Vol.42 NO.3、1995年、14-29ページ。
（８）　大乗淑徳学園編『共生』、大乗淑徳学園、1993年。
（９）　谷本寛治「CSRと市場社会のコミュニケーション」『青山マネジメントレビュー』、Vol.7、2005年、pp.4-13。
（10）　田村正紀「パワー・マーケティングの崩壊」『ビジネス　レビュー』、Vol.42 No.3、1995年、pp.1-13。
（11）　新村出編『広辞苑第6版』、岩波書店、2008年。
（12）　沼田眞「自然環境と、ともに生きる」、大乗淑徳学園編『共生』、大乗淑徳学園、1993年、pp.12-19。
（13）　浜嶋朗、竹内郁郎、石川晃弘編『社会学小辞典（新版）』、有斐閣、1997年。
（14）　南知惠子「サービス・ドミナント・ロジックにおけるマーケティング論発展の可能性と課題」『国民経済雑誌』、第201巻第5号、2010年、pp.65-77。
（15）　南知惠子「インタラクティブ・マーケティングとコミュニケーション」石井淳蔵、石原武政編『マーケティング　ダイアログ』、白桃書房、1999年、pp.101-120。
（16）　村松潤一「マーケティングと顧客―志向論から起点論へ」、村松潤一編『顧客起点のマーケティングシステム』、同文館、2010年、pp.3-25。

110 第6章 現代マーケティングの論理

(17) 村松潤一編『顧客起点のマーケティングシステム』、同文館、2010年。
(18) 八杉龍一、小関治男、古谷雅樹、日高敏隆編『岩波 生物学辞典第4版』、岩波書店、1996年。
(19) 三上富三郎「共生のマーケティング序説」『明大商学論叢』、第77巻第3・4号、1995年、pp.45-60。
(20) 和田充夫「マーケティング・リボリューション―来た道・行く道を考える」、和田充夫、新倉貴士編著『マーケティング・リボリューション―理論と実践のフロンティア』、有斐閣、2004年、pp.1-6。
(21) Darroch, J., Miles, M. P., Jadine, A., and Cooke, E. F., "The 2004 AMA definition of Marketing and its Relationship to A Market Orientation：An Extension of Cooke, Rayburn, & Abercrombie (1992)," *Journal of Marketing Theory and Practice*,12 (4), 2004
(22) Kotler. P, Hermawan kartajaya, Iwan Setiawan, *Marketing 3.0: From Products to Customers to the Human Spirit*, John Wiley & Sons, Inc. 2010.
(23) Vargo Stephen L. and Robert F.Lusch, "Evolving to a new dominant logic for marketing," *Journal of Marketing*, Vol.68 No.1, 2004, pp.1-17.
(24) Vargo Stephen L. and Robert F.Lusch, "Service-dominant logic: continuing the evolution," *Journal of the Academy of Marketing science*, Vol.36. No.1, 2008, pp.1-10.
(25) Wilkie. W. L and E. S. Moore, "What Does the Definition of Marketing Tell Us About Ourselves?" *Journal of Public policy & Marketing*, Vol.26 No.2, 2007, pp.269-276.

著者略歴

斉藤 保昭（さいとう やすあき）
明治大学大学院商学研究科博士後期課程修了。現在、淑徳大学コミュニティ政策学部教授。博士（商学）。
〈主要業績〉
「インダストリアル・マーケティング論における売り手―買い手関係の研究」（博士学位請求論文）、「現代マーケティングの論理について」『淑徳大学研究紀要（総合福祉学部・コミュニティ政策学部）』第45号、2011年「現代マーケティング論における共生の位置」『淑徳大学社会福祉研究所総合福祉研究』No.15、2011年「非営利組織のマーケティング論における交換概念について」『淑徳大学研究紀要（総合福祉学部・コミュニティ政策学部）』第46号、2012年「ケアのマーケティング序説」『淑徳大学社会福祉研究所総合福祉研究』No.16、2012年など。

現代マーケティングの論理

2017年5月1日　初版第2刷発行

著　者　斉藤　保昭

発行者　阿部　耕一

〒162-0041　東京都新宿区早稲田鶴巻町514番地

発行所　株式会社　成文堂

電話 03(3203)9201(代)　Fax 03(3203)9206
http://www.seibundoh.co.jp

製版・印刷・製本　シナノ印刷　　検印省略
©2017 Y. Saitou　　Printed in Japan
☆乱丁・落丁本はおとりかえいたします☆
ISBN978-4-7923-5063-5　C3034

定価（本体1500円＋税）